Don't Kill a Cock

닭을 죽이지 마라

Don't Kill a Cock

닭을 죽이지 마라

케빈 왕 지음

권남희 옮김

이 책은 우화, 요컨대 픽션이다. 그러나 이 책의 주인공 미스터 댄디, 제임스 쿠퍼는 실제 모델이 있는 인물이다. 그렇다. 일본 굴지의 자동차 회사인 혼다의 창시자, 고(故) 혼다 슈이치로 씨가 바로 미스터 댄디의 모델이다. 이 책은 곳곳에서 혼다 씨의 명대사를 인용하고 있다.

혼다 슈이치로 씨의 이야기에는 슈이치로 씨 개인의 뜨거운 열정과 동시에 인간 사회에도 보편성을 가지는 큰 철학이 담겨 있다.

슈이치로 씨의 말은 다양성이 풍부하다. 그야말로 조직관리론에서 시작해 교육론과 인생론에 이르기까지 묻고 싶은 테마에 꼬박꼬박 친절히 대답해 주고 있다.

그중에서 '창조'를 테마로 선택한 이유는, 지금까지의 성공 체험, 기성 개념, 기성 가치관을 버리고, '새로운 것(Something New)'을 창조하는 것이 기업의 활성화에 필요할 것이라는 나의 강한 의지 때문이다. 그리고 내가 슈이치로 씨라는 인물에게서 가장 매력적이고 가장 열정적인 에너지를 느낀 부분도 '창조'였기 때문이다.

책을 읽는 중에 혼다 및 혼다 슈이치로 씨를 잘 아는 사람들이라면 사실과 다르다고 느끼는 부분도 있을 것이다. 그렇다. 이것은 픽션이다. 슈이치로 씨의 말을 필요에 맞게 인용하여, 그것을 기초로 하면서 나의 생각을 보탰다. 그리고 현대에 맞게 이야기를 꾸몄다.

따라서 이 책에 나오는 그대로 혼다에서 말하거나 실행하는 것은 아니다(물론, 회의실 문에 '닭을 죽이지 마라' 라는 벽보도 붙어 있지 않다). 어디까지나 내가 만든 창작 우화로서 즐겨주길 바란다.

덧붙여서, 디테일한 부분에서도 어떤 장면에서는 슈이치로 씨 개인의 기호, 특징에 관한 정보를 살리고, 어떤 장면에서는 리메이크해 사용했다.

예를 들면 무대 중심이 된 식당인데, 슈이치로 씨가 프랑스를 좋아했던 사실을 살려서 프렌치 식당으로 설정했다. 실제로 슈이치로 씨는 프랑스의 유명 화가 샤갈과 지스칼 데스탕 전 대통령 등과도 친구처럼 교제했었다.

또한 혼다 씨는 화술의 천재로 유머감각이 아주 뛰어났다. 그래서 게이샤들에게도 아주 인기가 많았다고 한다. 여기서 이야기하는 '마음으로 이야기하고' '마음으로 부딪치는' 슈이치로 식 교제술은 국경을 넘어서도 통했던 것 같다.

　슈이치로 씨는 빨간색을 좋아한다고(빨간색을 좋아하는 이유에 관한 일화도 있다) 하는데, 넥타이 색깔은 내가 좋아하는 오렌지색으로 바꾸었다. 이런 혼다 씨의 인간상과 일화에는 재미있는 이야기가 많이 있으니, 흥미 있는 분들은 슈이치로 씨에 대한 책들을 읽어 보길 바란다.

　이 책을 집필하고 출판하는 데는 많은 분들의 협력이 있었다. 먼저, 슈이치로 씨와 그 어록에 대한 많은 정보를 제공해 주신 다카하시 유지 씨께 감사를 드리고 싶다. 그리고 다카하시 씨를 만나게 해 준 혼다의 전 인사 담당이며, 현재는 휴잇 아소쉐이츠에서 경영 컨설턴트로 활약 중인 마치다 히데키 씨에게 감사한다. 집필하는 중에 많은 이야기를 들려준 혼다의 사원들에게도 이 자리를 빌려 감사를 드린다.

　겐도샤의 후쿠지마 씨, 스즈키 씨가 참을성 있게 도와주지 않았더라면 나는 이 책을 완성하지 못했을 것이다. 그리고 겐도샤의 멋진 세 사람의 편집자를 소개해 준 나의 동료, 『버는 사람, 값싼 사람, 남는 사람』의 작가이기도 한 캬멜 야마모토 씨에게도 감사의 말을 전하고 싶다. 또, 나를 응원해 준 와트슨 와이어츠의 도쿄 사무실 멤버 전원에게 감사한다.

– 케빈 왕

차례

행운의 넥타이

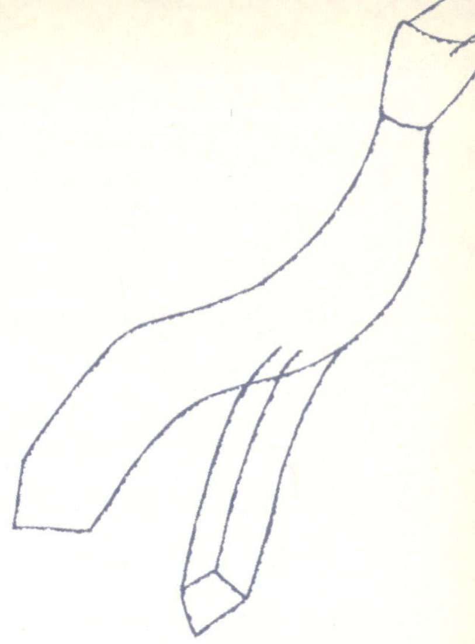

"축하합니다. 데빗 에반즈 씨."

텔레비전 캐스터인 롱맨은 자신의 트레이드 마크인 커다란 코를 데빗의 얼굴 가까이로 가져가며 악수를 청하기 위해 손을 내밀었다.

"감사합니다."

데빗은 침착한 목소리로 대답하면서 힘껏 악수를 했다.

"앗, 상당히 힘이 세시네요. 아, 회사의 에너지가 그대로 전해져 오는데요."

롱맨은 평소의 장난기 가득한 인사보다 더 오버 액션하며 인터뷰를 시작했다.

'세계에서 가장 존경받는 회사' 로 뽑힌 회사의 사장인 데빗 에반즈에 대한 텔레비전 방송국의 독점 인터뷰가 시상식이 열린 호텔에서 진행되고 있었다.

"세상 사람들이 이구동성으로 불경기, 불경기 하는데, 오랜 세월 동안 창조적인 상품을 시장에 내놓으며 계속 성공하는 비결을 텔레비전 시청자들은 알고 싶을 것입니다. 오늘은 그 이야기를 듣고 싶은데, 괜찮으시겠습니까?"

"음, 계속 성공하고 있다는 말씀은 과찬입니다. 실제로 몇 번 시련을 겪은 적이 있습니다만, 어찌어찌 극복하다 보니 지금 이 자리까지 오게 되었다고나 할까요?"

데빗은 수줍어하면서도 진지한 얼굴로 대답했다.

“과연! 그럼 지금부터 천천히 그 이야기를 들려주셨으면 합
니다….”
하고 말하는가 싶더니 갑자기,
“아, 그전에!”
하고 롱맨은 본인 특유의 화법으로 화제를 바꾸었다.
“잠깐 다른 이야기입니다만, 듣던 대로 정말 세련되셨네요.”
롱맨은 웃으면서 데빗의 옷차림을 칭찬했다.
“오늘 입은 검은색 정장이 아주 잘 어울리십니다. 스태프들
의 말에 의하면 넥타이는 항상 에르메스만 하신다고 들었는
데, 오늘 이 오렌지색 넥타이도 그렇습니까?”
데빗은 쑥스러운 표정을 지으며,
“아, 고맙습니다.”
하고 대답하며,
“실은 에르메스 오렌지색 넥타이에는 특별한 사연이 있습니다.”
라고 말하며 넥타이를 손가락으로 들어, 잠깐 쳐다보았다.

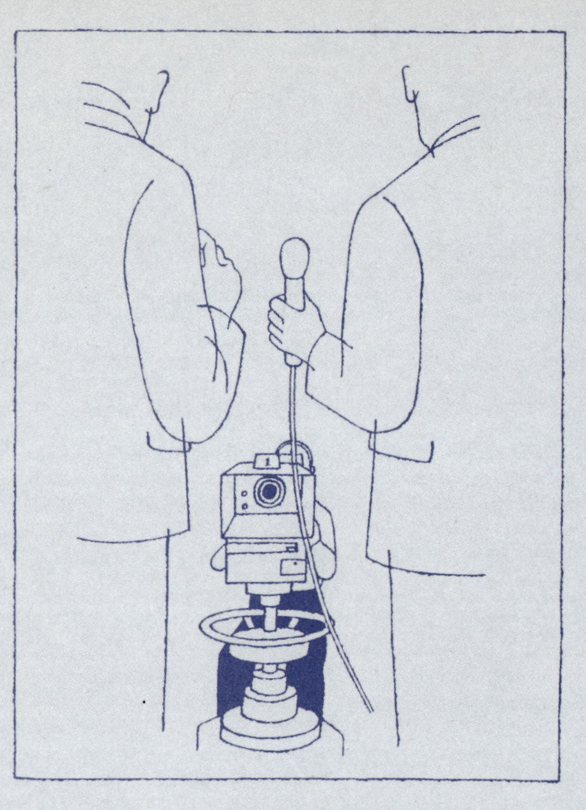

"오, 사연이 있으시다구요?"

"예, 제게는 '행운의 넥타이' 입니다. 이 넥타이를 매셨던 분이 제 인생을 바꿨다고나 할까요."

데빗은 말했다.

그 말을 들은 롱맨은 흥미롭다는 듯 눈을 반짝였다.

"뭔가 재미있는 이야기가 있을 것 같네요. 괜찮으시다면 좀 들려주실 수 있을까요?"

데빗은 잠깐 동안 눈을 감고 생각하더니, 잠시 후 말문을 열었다.

"알겠습니다. 자, 그럼 그 이야기를 들려드리도록 할까요? 마침 그 이야기가 오늘 테마에 대한 대답이 될 수도 있을 것 같군요."

"그것 참 훌륭하군요. 꼭 부탁드립니다."

"그건 정확히…."

데빗은 추억에 잠긴 표정으로 느릿하게 이야기를 시작했다.

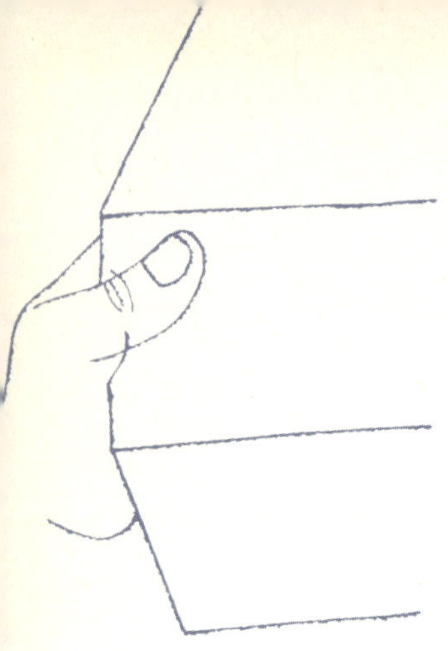

갑작스런 발령

"데빗, 지금 잠깐 내 방으로 좀 오게."

매니저가 데빗의 책상까지 와서 말했다.

"지금… 말입니까? 예, 알겠습니다."

데빗은 의아했지만, 습관처럼 순순히 대답했다.

(휴우, 또 자기가 하기 싫은 일을 떠맡기려는 건가…? 실패

할 우려가 있는 일엔 손을 대려 하지 않는단 말이야. 뭐, 은행

에서 출세하자면 그게 상식이니 어쩔 수 없겠지만.)

　데빗은 내심 그렇게 생각하면서 하던 일을 파일에 저장하고 매너저 방으로 갔다.

　방에 들어가자 매니저는 고급스런 팔걸이의자에 앉아 있었다.

　(알 만한 구조야.)

　데빗은 생각했다.

　(높은 자리에 오를수록 의자가 조금씩 고급스러워지는 이 '빤히 눈에 보이는 권력 구조'를 생각해낸 깜찍한 인간은 누구일까?)

　데빗은 속으로 빈정거렸다.

　"미안하네, 거기 앉게."

　매니저는 뭔가 할 말이 있는 듯한 표정을 지으며 말했다. 데빗은 권하는 대로 눈앞에 있는 소파에 앉았다.

　"실은 말이지, 자네를 신임해서 하는 말인데, 이번에 ○○회사에 자네를 파견 근무를 보내려고 하네."

데빗은 예상치 못한 말에 너무 놀란 나머지 아무 말도 하지 못했다.

"저런, 너무 갑작스런 일이어서 놀란 모양이군. 이번에 결정된 새로운 투자회사에 자네가 가주었으면 해. 지방의 작은 공장에서 시작한 벤처인데, 지금은 훌륭한 중소기업으로 크고 있다는군. 미래를 생각해서 관계를 돈독히 하고 싶은 곳이야."

(아, 나도 이제 끝난 건가.)

어쨌든 파견 인사는 사원에게 곧 출세 경쟁에서 제외되었음을 일러주는 사형선고와 같았다.

(최근 몇 년 동안, 자기의 실수를 몇 번이나 대신 떠맡아 주었는데. 아아, 능력 없는 상사 밑으로 올 때부터 내 운은 다 됐던 거야….)

데빗은 말없이 고개를 숙였다.

"어, 오해하지 말게. 자네는 아직 젊으니까 여러 회사들의 현장을 보고 공부하면 장래에 도움이 될 거라 생각해. 인재 육성 차 상부에서 인사 이동을 시킨 거라구. 오히려 감사하지 않으면 천벌을 받을걸? 뭐, 너무 갑작스런 일이니 자네에게도 생각할 시간이 필요하겠지. 2, 3일 시간을 줄 테니 좋은 쪽으로 잘 생각해 보게."

(좋은 쪽…으로? 웃기는군. 사령을 거절하면 어떻게 된다는 것쯤은 누구나 아는 거 아냐. 요즘 같은 세상에 그런 바보 같은 짓을 해서 무슨 득이 된다고.)

데빗은 화가 났지만 애써 냉정한 표정을 지으며 대답했다.

"예, 알겠습니다. 말씀대로 생각할 시간을 갖도록 하겠습니다."

데빗은 인사를 하고 매니저 방을 나왔다.

자리에 돌아온 후에도 데빗의 머릿속에는 여러 가지 생각들이 뒤섞여 일이 손에 잡히지 않았다.

(이런 날은 집에나 일찍 가자.)

데빗은 5시가 되자 기다렸다는 듯이 퇴근했다.

(정시에 퇴근하는 게 도대체 몇 년 만이야?)

아직은 비교적 한산한 지하철 안에서 문득 그런 생각을 했다. 그리고 빨리 돌아가 봤자 남은 시간을 어떻게 보낼지 몰라 우왕좌왕할 것이 뻔한 자신을 발견한 것이다.

(아아, 나란 인간은 대체 뭔가. 성실하게 일한다고 했는데. 싫은 표정 한 번 안 하고 시키는 일 다 했고, 열심히 공부해 승진 시험에 합격했는데. 그 결과가 고작 이거란 말인가?)

지하철 손잡이에 매달려 차창에 비친 얼굴을 멍하니 바라보던 데빗은 자신이 참으로 비참하게만 느껴졌다.

(한심스런 얼굴이 되어버렸군, 나도.)

순간 어디에 부딪쳐야 할지 모르는 초조한 마음에 자포자기 해서 사표를 던져 버릴까 하는 생각도 순간 들었지만, 데빗은

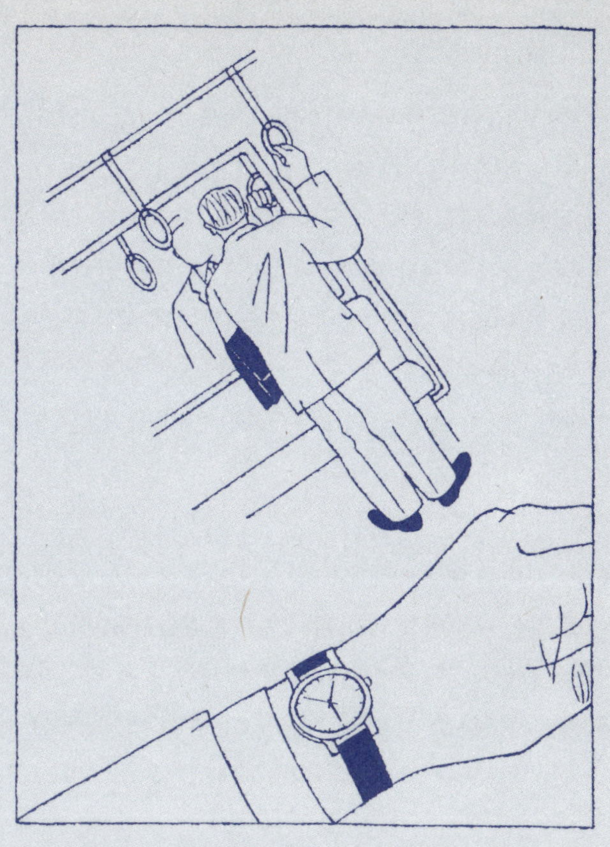

아, 나란 인간은 대체 뭔가.
싫은 표정 한 번 안 하고 시키는 일 다했건만…
지하철 차창에 비친 얼굴을 멍하니 바라보던
데빗은 자신이 참으로 비참하게만 느껴졌다.

자신이 그런 용감한 일을 하지 못하리란 것도 잘 알고 있었다.

(성장 중인 벤처기업이라고…? 사장의 아이디어 하나가 운 좋게 잘 풀렸을 거야. 한때 주목받다 사라져 가는 회사가 널렸잖아. 불꽃놀이 같다고 할까? 대개 이런 회사는 관리가 제대로 되어 있지 않지. 좋았어. 내가 일단 관리란 것이 무엇인지 한 수 가르쳐 주마.)

고민 끝에 데빗은 결론을 내렸다. '자신의 일'을 발견하자, 데빗은 금세 기분이 상쾌해졌다.

다음 날, 데빗은 매니저 방으로 가서 또렷한 어조로 말했다.

"지난번 말씀하신 인사 이동 감사히 따르겠습니다. 아직 경험이 없어 잘할지 모르겠습니다만, 은행의 얼굴에 먹칠하지 않도록 열심히 하겠습니다."

사장은 어디에?

첫 출근날, 데빗은 먼저 사장에게 인사를 하는 것이 순서
일 것 같아 사장실로 가기로 했다. 그래서 한 사원에게 사장
실이 어디냐고 물어보았더니, 놀랍게도 이 회사에는 사장실
이라고 부르는 곳이 없고, 그 대신 사장의 책상이 놓여 있는
방은 있다고 알려줬다.

데빗은 무슨 말인지 이해가 가지 않았지만 일단 '사장의 책

상이 놓여 있는 방’이 있는 곳을 물은 후, 그곳으로 갔다.

방 입구에는 ‘임원실’이라고 쓰여 있었다.

(뭐야? 말만 사장실이라고 부르지 않았지, 임원실 중의 하나를 사장실용으로 쓰는 거잖아? 은행에서 파견 나왔다고 심술궂게 가르쳐 주다니!)

데빗은 자신에게 ‘사장실’을 가르쳐 준 사원의 얼굴을 떠올리며 툴툴거렸다.

“실례합니다.”

문을 두드렸으나 반응이 없었다. 한 번 더 노크를 했지만 역시 반응이 없어 살짝 문을 열어 보았다.

안을 들여다보니 아무도 없고, 대신 낯선 광경이 눈앞에 펼쳐졌다. 임원실이라고 불리는 방 안에는 똑같은 책상이 다섯 개나 나란히 있는 것이었다.

(뭐야, 이건? 사장실답지 않은걸. 그건 그렇고 다섯 개나 되

는 책상은 어디에 쓰는 거지? 낭비가 너무 심한 거 같군. 사장실이 이래서야… 기본적인 경비 관리부터 철저히 가르치지 않으면 안 되겠는데?)

데빗은 왠지 모르게 기분이 좋아졌다.

(이런 회사라면 꽤 성과를 올릴 수 있겠어. 잘하면 인정받아 빠른 시일 내에 은행으로 되돌아갈 수 있을지도 몰라.)

그런 생각을 하면서 혼자 빙그레 웃고 있는데, 뒤에서 소리가 들렸다.

"안녕하세요."

돌아보니 몸집이 작은 여자가 웃으며 서 있었다.

"아, 안녕하세요."

데빗은 얼른 표정을 바꾸며 진지하게 말했다.

(혹시 봤을까?)

데빗은 혼자 빙그레 웃는 모습을 들키지 않았나 싶어 조금 쑥스러워졌다.

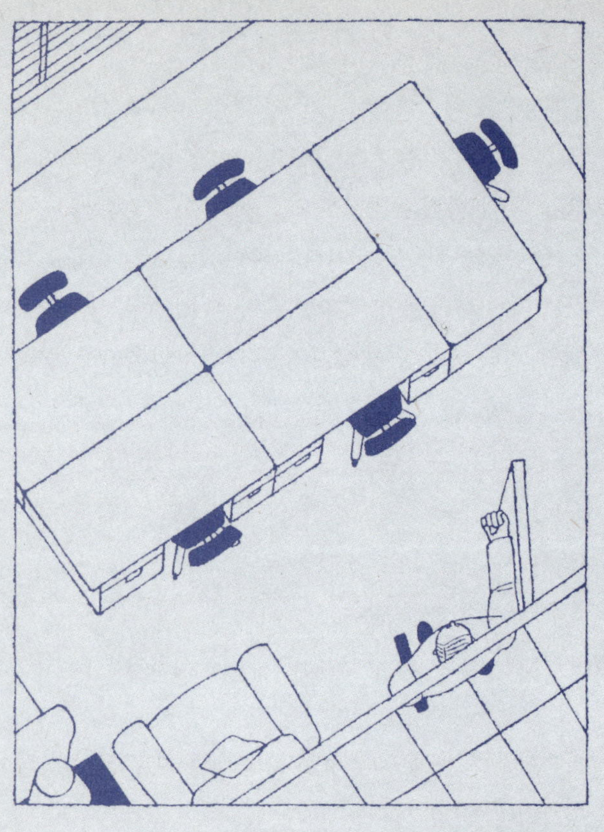

그러나 여자는 전혀 신경 쓰지 않고 물었다.

"무슨 일이십니까?"

"저, 저는 사장님을 뵈러 왔는데. 실례지만, 그쪽은…?"

"실례했습니다. 저는 사장님 비서를 맡고 있는 캐서린 포터라고 합니다."

"아, 그렇군요. 저야말로 실례했습니다. 오늘부터 이 회사에 파견 나온 데빗 에반즈라고 합니다. 먼저 사장님께 인사부터 드리려고 들렀습니다."

"아아, 데빗 씨세요? 말씀 들었습니다. 그런데 죄송합니다만, 사장님은 종일 외근이셔서 오늘은 돌아올 예정이 없으신데요."

"아, 그렇습니까. 그럼 내일 예정은 어떠신지요?"

"내일은 일단 아침부터 출근하실 예정이긴 합니다."

캐서린은 뭔가 복합적인 의미를 품고 있는 듯한 말투로 대답했다.

“알겠습니다. 그럼, 내일 아침에 다시 인사 드리러 오겠습
니다.”
데빗은 ‘사장실’을 나와 출근 첫날은 관계 부서에 인사를
다니는 것으로 끝냈다.

다음 날 아침, 데빗은 약속대로 다시 한 번 ‘사장실’로 발길
을 옮겼다.
“안녕하세요.”
밖에서 인사를 하며 문을 두드렸지만 별 반응이 없었다.
마침 그 소리가 들렸는지 캐서린이 “안녕하세요” 하며 어제
와 똑같이 웃는 얼굴로 인사를 하면서 데빗을 맞아주었다.
“사장님은…?”
“죄송합니다, 데빗 씨. 사장님은 오늘도 외근이십니다.”
캐서린이 미안한 듯이 대답했다.
“넷, 또요?”

이틀 연속이나 허탕을 치자 내심 화가 났다.

"사장님이시니 바쁘신 건 알겠지만, 출근 예정까지 바꾸시면서 도대체 어딜 가신 건가요? 뭐, 제가 이런 걸 물을 입장은 아닙니다만."

"공장에 가셨습니다."

"공장이요? 무슨 문제라도 생겼습니까?"

"아뇨, 문제는 없습니다. 사실대로 말씀드리자면, 사장님의 일과이십니다."

"일과요?"

"네, 사장님께서 임원실에 계시는 시간은 거의 없습니다. 일단, 아침에는 이곳에 들르기로 되어 있지만, 대부분 공장이나 본사 근처에 있는 연구소로 바로 출근하세요. 어제처럼 그대로 돌아오시지 않는 날도 다반사입니다."

"맙소사, 그럼 나는 언제 인사를 드리러 찾아뵈야 하는 거죠?"

화가 난 데빗은 조금 강한 어조로 물었다.

"아, 그 문제로 사장님께서 데빗 씨에게 전달해 달라고 메일을 보내셨습니다."

"무슨 말씀을 하셨는지 보여주시겠어요?"

캐서린이 고개를 끄덕이면서 사장이 보낸 메일을 출력해 데빗에게 건넸다. 거기에는 다음과 같이 쓰여 있었다.

데빗 에반즈 씨에게

입사를 축하하네, 데빗. 자네는 아주 우수한 인재라고 은행에서 칭찬이 자자하더군. 자네의 활약을 기대하고 있네. 그리고 어제와 오늘 자리를 비워서 미안하네. 괜찮다면 오늘 저녁 7시에 식사라도 함께할까?
뭐든 좋으니 가능하면 회사를 돌아보고 느낀 점을 들려주면 좋겠네. 나는 이 회사를 점점 더 발전하는 회사로 만들고 싶거든. 자네의 날카로운 의견을 기대하고 있겠네. 그리고 이건 회사에 관한 건데, 우리 회사는 제조 회사니까 기술부 회의에 참석해 보면 현재 회사의 움직임을 파악하기 쉬울지도 모르겠네. 내가 기술부장에게 말해 두도록 하지. 식당은 캐서린이 예약해 둘 테니 자세한 장소는 나중에 캐서린에게 확인하길….

제임스 쿠퍼

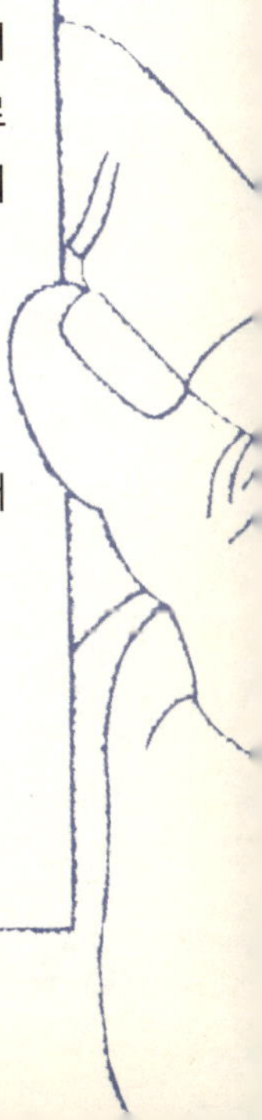

데빗은 메일을 읽은 후 그제야 납득한 표정을 지으며 말했다.

"오케이, 오늘 7시군요. 난 괜찮아요. 식당이 정해지면 나중에 가르쳐 주세요."

"알겠습니다."

캐서린이 정중하게 대답하자 데빗은 그대로 '사장실'을 나갔다.

(자, 오늘 하루 문제점을 산더미처럼 찾아볼까?)

데빗은 의기양양하게 우선 사장이 지시한 대로 기술부로 발걸음을 옮겼다.

닭을 죽이지 마라

데빗이 인사를 하자 기술부장은 사장에게 이야기 들었다며, 지금 추진 중인 프로젝트 회의가 3층 회의실에서 시작되니 그곳으로 가 보는 게 어떻겠냐고 했다.

데빗은 권하는 대로 3층으로 올라갔다.

(이런, 대체 어디서 회의를 하는 거야?)

아무래도 통로 제일 안쪽 방이 회의실일 것 같아 그쪽으로 가다보니 사람들이 웅성거리는 소리가 들려 왔다.

(앗, 여기다.)

방에 들어가려고 문 앞에 서자, 굵은 글씨로 다음과 같이 쓰여진 벽보가 붙어 있었다.

닭을 죽이지 마라

(뭐야, 이건?)

데빗이 손잡이를 돌리려던 손을 멈췄다.

(닭을 죽이지 마라…? 이게 무슨 소리야?)

데빗은 영문을 알 수가 없었다. 어제부터 이상하다고 생각한 점이 몇 가지 있었지만, 그것은 이 회사의 '미숙함' 탓이라고 이해했다. 그러나 이 벽보만큼은 정말로 전혀 무슨 뜻인지 이해하기 힘들었다.

(도저히 납득이 안 가는 회사군. 문을 열기가 무섭네.)

데빗은 좀전까지 등등했던 기세가 갑자기 팍 꺾이는 듯한 느낌이 들었다. 그래도 간신히 마음을 가다듬은 후 벽보를 무시한 채 살며시 손잡이를 돌렸다.

문이 열린 순간, 사람들의 시선이 일제히 데빗에게로 향했다. 데빗은 약간 긴장한 모습으로 말했다.

"회의 중에 방해해서 죄송합니다. 어제부터 은행에서 파견 나온 데빗 에반즈라고 합니다. 오늘은 사장님과 기술부장님의 배려로 회의에 참석하게 되었습니다. 폐를 끼쳐서 죄송합니다. 잘 부탁드리겠습니다."

데빗은 이런 류의 인사에는 아주 익숙했다.

"잘 부탁합니다."

모인 사람들은 고개를 앞으로 약간 내밀며 작은 소리로 말했다.

데빗은 "그쪽에 앉아도 괜찮을까요?" 하고 자리를 확인한 후

왜 아무도 그를 질책하지 않는 건가…?
자만심으로 책임 추궁이 무른 조직으로 변해가고 있는 건 아닐까?

회의실 오른쪽 구석의 빈자리에 앉았다. 데빗이 자리에 앉자 회의는 아무 일도 없었던 듯 계속되었다.

(문에 붙은 벽보에 대해 물어볼 분위기가 아니구나.)

데빗은 묵묵히 회의내용에 귀를 기울였다.

회의는 신상품 개발 프로젝트에 대한 것 같았다. 기술적인 난이도가 높은 상품이지만, 아직 세상에 출품된 적이 없어 완성만 되면 상당히 획기적인 상품이 될 만한 것이었다.

프로젝트 팀장으로 보이는 인물이 프로젝트의 방향과 지금까지의 진행 상황을 재확인하더니, 모인 사람들 중에도 제일 어려 보이는 사람에게 프리젠테이션 지시를 했다. 아마도 신상품 개발의 일부분을 맡긴 것 같았다.

(일부분이라고는 하지만 젊은 사람에게 중요한 상품 개발을 맡기다니… 중소기업이라고 해도 경험 많은 우수한 인재를 모으는 게 힘든가 보구나.)

데빗은 결과를 지켜보았다. 그런데 젊은이는 데빗이 예상하지 못한 말을 했다.

"최근 2주일 동안의 시도는 실패로 끝났습니다."

(무슨 소리야? 스스로 실패를 단언하다니. 좀 더 좋게 표현할 수 없을까. 이거야, 난 무능합니다, 라고 말하는 것과 마찬가지잖아.)

젊은 사람이 이 실언으로 인해 지금부터 사람들에게 얼마나 많은 압력을 받게 될지 '부외 사람으로서' 차마 지켜보기가 안타까웠다.

"그랬군…."

프로젝트 팀장처럼 보이는 인물이 입을 열었다.

"어떤 시행착오가 있었는지 잠깐 설명해 줄 수 있나?"

(아니?)

데빗은 어안이 벙벙했다.

그러나 젊은이는 태연한 표정을 지으며 초기 가설과 그것에 대한 실험과 검증, 거기에서 생각한 수정 가설과 시험과 검증

등 2주일 동안 시험해 본 방법론을 진행 과정에 따라 차근차근 설명했다.

"과연… 그렇다면 실패한 원인에 대해 설명해 보게?"

팀장처럼 보이는 인물이 다시 말했다.

젊은이는 좀전처럼 그것에 대한 자신의 생각을 이야기 했다. 젊은이의 생각에 대해 다른 사람들도 여러 가지 질문과 의견을 이야기했다.

데빗에게 이런 모습은 아주 의외였다. 아무도 실패한 젊은이를 질책하지 않았다. 어떤 시행착오를 거듭했으며, 어디서 잘못 되었는지, 또 그 원인은 무엇인지에 대한 질의와 응답 및 토론이 젊은이의 발언을 계기로 시작한 데 지나지 않았던 것이다.

(왜 아무도 그를 질책하지 않는 건가?)

데빗은 한 방 맞은 기분이었다. 그의 은행 시절 경험으로는 있을 수 없는 일이 지금 눈앞에서 일어나고 있는 것이다.

(어떻게 해석해야 할까? 역시 문제점으로 받아들여야 할까? 부하를 야단칠 줄 모르는 사람이 상사를 하고 있다? 아냐, 잠깐만. 벤처에서 중소기업이 된 자만심으로 책임 추궁이 무른 조직으로 변해 가고 있는 건 아닐까…?)

데빗은 그렇게 생각하기로 했다.

그러나 토론은 그 후 점점 열기를 띠더니, 도저히 무른 조직이라고 생각할 수 없을 정도로 양상이 달라졌다. 물론 데빗 자신도 그것을 깨닫고 있었다.

대체안이 될 기술적 방법론에 이야기가 미치자 한층 큰 목소리들로 대화가 계속되었다. 데빗은 자세한 것은 알 수 없었지만, 점차 그 회의 분위기에 마음이 빠져들었다.

그런데 한 가지 이상한 점이 있었다. 그렇다. '시장 분석에 의하면…' 이라는 상품 개발 때마다 빠지지 않는 한마디가 나오지 않는 것이었다.

그러나 그런 의문도 '한 치의 타협도 용서할 수 없다'는 기
세의 회의 속에 빠져드는 가운데 완전히 데빗의 머리에서 사
라져버렸다.

미스터 댄디 등장

결국 시끌벅적한 토론이 계속된 뒤 회의는 끝났다. 지금까지 시험해 본 적이 없는 방법론이지만, 이론적으로는 가능성 있는 독특한 아이디어를 낸 인물을 리더로 정한 후 다음 회의까지 그 방법론을 검증해 오기로 했다.

데빗은 이상한 느낌에 휩싸였다. 그것이 무엇이냐고 물어도 딱 부러지게 대답할 수 있을 것 같지 않았다.

다만 그들이,

사람을 질책하는 것이 아니라,
문제 해결을 위해 집중 토론을 하고 있는

것만은 명확했다.

데빗에게는 그것이 부러웠던 것도 사실이었다.

기술부장에게 감사의 인사를 하러 가자, 원한다면 오늘 있는 모든 기술부 회의에 데빗이 참석할 수 있도록 해 주겠다고 했다. 데빗은 사장과의 약속 시간까지 가능한 모든 회의에 참석하기로 했다.

어느 회의든 할 것 없이 활기찼고 '문제 해결'에 집중해 있었다. 또 어느 회의실에도 '예의 벽보'가 문에 붙어 있었다.

데빗은 한 곳에 참가할 때마다 '문제점을 산너비만큼 찾아내

야지' 하는 처음의 맹세를 잊고 회의 분위기에 빠져들었다.

오늘 참석한 마지막 회의 때였다.

지금까지와 다른 일이 한 가지 생겼다. 한 인물이 실패에 대해 무섭게 비난받은 것이었다.

모든 회의에 참석을 마친 데빗은 흥분해 있었다. 그것은 아주 순수한 흥분이었다. 사회인이 된 후 이렇게 회의에 몰두해 보는 것은 처음 있는 경험이었기 때문이었다.

(회의만큼 지루한 것은 없다고 생각했는데….)

데빗의 '상식'이 흔들리기 시작했다. 그리고 사장을 만나 그것들을 확인해 보고 싶어졌다. 캐서린에게 오늘 식사 장소를 확인한 후, 조금 이른 감도 들었지만 지정된 식당으로 발걸음을 옮겼다.

식당은 회사에서 차로 30분 정도 떨어진 곳에 있는 단독 건물의 프렌치 레스토랑이었다. 안에 들어가 보니 생각했던 것처

럼 중후한 분위기도 아니고, 종업원들도 싹싹했다.

데빗은 먼저 자리에 앉아 물을 마시면서 사장이 오기를 기다렸다. 시계 바늘이 정확히 7시를 가리킬 때, 남자 한 명이 높이 든 손을 흔들면서 데빗의 테이블로 다가와 말을 걸었다.

"데빗 에반즈 씨?"

"예."

데빗이 자리에서 일어나 대답하자,

"처음 뵙겠소. 제임스 쿠퍼라고 하오. 기다리게 해서 미안해요."

하고 미소를 지으면서 낭랑한 목소리로 말했다.

제임스는 바느질이 잘된 짙은 회색의 줄무늬 양복에 풀을 먹여 빳빳한 화이트 셔츠, 에르메스의 오렌지색 넥타이를 매고 있었다.

(상당히 세련된 사람이구나. 생각했던 것과는 전혀 다르잖

아. 이야, 정말 말 그대로 신사인걸?)

"잘 부탁하네."

제임스가 손을 내밀었다.

"저야말로 잘 부탁드립니다."

데빗은 긴장한 표정으로 말했다. 제임스의 손은 거칠었지만 힘이 있었다.

인사를 마치고 자리에 앉자 웨이터가 주문을 받으러 왔다.

제임스는 데빗에게 말했다.

"좋아하는 것을 주문해요. 나도 내가 좋아하는 것을 주문할 테니."

"아뇨, 사장님께 맡기겠습니다."

"이봐, 이봐. 내가 좋아하는 것을 자네도 좋아할지 어떨지 모르잖아. 일부러 식당까지 와서 좋아하지도 않는 것을 억지로 먹는 한심한 일은 안 하는 편이 좋아. 부탁이니, '그럼, 같은 것으로' 라는 말은 하지 말아요."

사장은 명랑한 표정을 짓고 있지만 단호하게 말했다.

그 말을 듣고 데빗은 당황했다. 은행에서라면 윗사람, 그것도 사장과 같이 있는 자리에서 이런 말을 듣고 순진하게 그대로 받아들이면 나중에 감점되기가 십상이기 때문이다.

데빗이 망설이고 있자, 제임스가 웃으면서 말했다.

"웨이터 기다리다 목 빠지겠네."

데빗은 (에이, 모르겠다) 하고 전채(前菜)부터 디저트까지 한 가지씩 좋아하는 것을 주문했다.

제임스는 그게 당연해, 뭐 마음에 걸리는 거라도 있나, 하는 표정으로 데빗을 바라보고 있었다.

마지막으로 제임스는,

"그리고 오늘은 목이 마르니, 식전주 대신 맥주를 갖다 줘요."

하고 주문을 마쳤다.

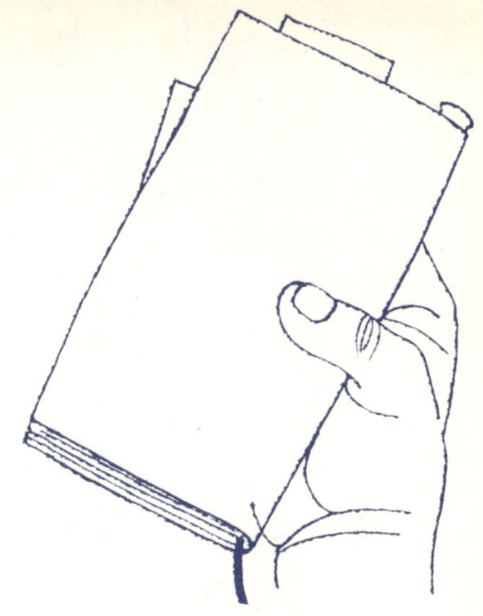

데빗의 고백

시원한 맥주가 나오자, 제임스는 꿀꺽꿀꺽 맛있게 마시고 나서 입에 묻은 거품을 닦으며 말했다.

"그래, 회사를 돌아보니 어때? 뭐든 좋으니까 느낀 대로 이 야기해 주지 않겠나?"

"그게 실은…."

데빗은 말하기 곤란해하다가 이어서 말했다.

"오늘 하루 여러 곳을 둘러볼 생각이었습니다. 그런데 기술부 회의 들어가는 데에만 종일 시간을 보내서…."

제임스는 '오호' 하는 얼굴을 하며 데빗을 바라보았다.

"완전히 그 분위기에 빠져버렸습니다."

데빗은 오늘 하루의 체험을 통해 느낀 기분을 솔직하게 고백했다.

"실은 부끄러운 말씀입니다만, 여기 오기 전까지 저는 이 회사가 어쩌다 사장님의 아이디어 하나로 성공한 회사 중의 하나에 지나지 않을 거라고 생각했습니다. 그리고 그런 회사들이 흔히 그렇듯이 '관리'가 제대로 되어 있지 않을 거라 단정지었습니다. 그러니 문제점을 잔뜩 발견해서 내가 '관리'라는 것이 뭔지 가르쳐 주마, 하는 생각에 의기양양했습니다."

데빗은 긴장한 나머지 목소리가 약간 떨렸다. 그래서 눈앞의 맥주를 단숨에 들이켰다.

"그런데 첫 번째 회의에 참석했을 때, 뭔지 모르겠지만 오랜 만에 '즐거운' 느낌을 받았습니다. 물론 회의적(懷疑的)인 점도 많이 있었습니다. 그래서 그 이후에도 기술부 회의에 몇 곳 더 참석했습니다. 그런데 회를 거듭할수록 회의에 푹 빠져 토론을 주고받는 모습에 넋을 잃고 있었습니다."

제임스는 진지한 얼굴로 묵묵히 듣고 있었다.

"솔직히 말해서 잘 모르겠습니다. 어째서 제가 회의 하나에 그렇게까지 빠져버렸는지. 그리고 오늘 하루 제가 본 것이 정말 옳은 것인지. 적어도 제가 경험해 온 것, 상식이라고 배워 온 것, 생각해 온 것으로는 설명할 수가 없어서…"

데빗은 생각한 전부를 단숨에 털어놓았다.

벽보의 비밀

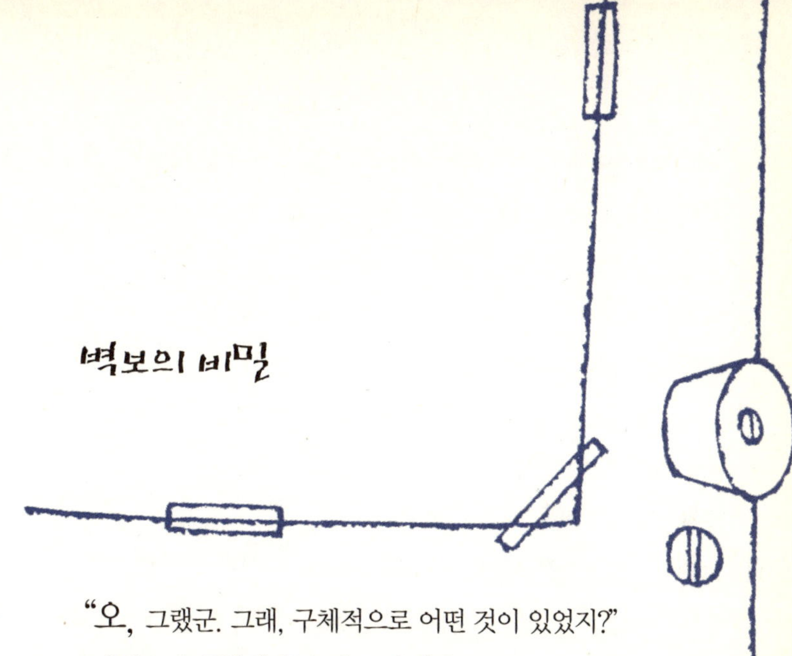

"오, 그랬군. 그래, 구체적으로 어떤 것이 있었지?"

제임스가 침착한 목소리로 말했다.

"모든 회의가 문제 해결에 집중해 토론이 진행되는 점, 이 것은 정말 훌륭하다고 생각했습니다. 그런데 담당자가 실패한 경우에도 책임을 질책당하는 일이 없더군요. 딱 한 번 예외가 있긴 했습니다만…."

"그것이 대체 무엇을 의미하는지, 옳은 것인지 어떤지, 그걸 잘 모르겠다는 것이로군."

"예."

데빗은 끄덕였다.

"자네는 회의실 문에 붙은 벽보를 보았겠지?"

"아, 예. '닭을 죽이지 마라' 는 것 말씀이시죠?"

"그게 무슨 말인지 알고 있나?"

제임스가 즐거운 듯이 물었다.

"아뇨, 전혀 짐작도 할 수가 없었습니다. 실은 그것도 여쭤보려고 생각했습니다. 뭔가 연관이 있습니까?"

"글쎄, 그것이 출발점이 된다고 해도 과언이 아니지. 상처 입은 닭을 죽이지 말라는 것이 정확한 표현이지만 말이야."

"상처 입은 닭… 말씀입니까?"

"그래. 닭은 사실 잔혹한 동물이어서 말이지, 무리 중의 한 마리가 조금 피를 흘리고 있으면 다 덤벼들어 그 상처 난 부분을 쪼아서, 그 녀석을 죽여버린다는군. 그래서 상처 입은 닭이 있을 때는 그 녀석을 격리하지 않으면 안 된다는 거야. 그 벽 보는,

는 경계의 말이야.”

“요컨대 상처 입은 닭은 실패한 사람이라는 의미로, 그 사람을 질책해서 망가뜨리는 회의를 해서는 안 된다는 말씀이십니까?”

“바로 그거야, 데빗!”

제임스는 기쁜 얼굴로 데빗을 칭찬했다.

“자네는 오늘 회의를 아주 잘 관찰한 것 같군. 대체로 연구 개발이라는 것은 실패의 반복이며 99% 이상은 실패를 각오하지 않으면 안 되는 거야. 새로운 일을 한다는 것은 그

런 거지. 그래서

경험없는 일을 잘 못하는 것은 진짜 실패가 아니다

난 그렇게 생각하고 있어.”

제임스는 몸을 앞으로 내밀면서 목소리의 톤을 높여 이야기를 시작했다.

“새로운 일에 대해 정말 진지하게 생각하고 노력도 했다, 그렇지만 잘되지 않았다. 이것을 질책하면 어떻게 될 것 같은가?”

“대부분의 사람들은 실패를 두려워한 나머지 다음부터는 새로운 일을 하려고 들지 않을 것입니다.”

“바로 그거야. 처음부터 무리라고 생각하고 포기하게 되지. 그렇게 되면 더 이상 아무것도 나오지 않게 되는 거야.”

그렇지, 하는 눈으로 제임스는 데빗을 쳐다보았다.

“사소한 문제점을 꼬투리 잡아 모처럼 내놓은 좋은 아이디어를 짓밟아버리는 것만큼 어리석은 일은 없다고 생각하지 않나? 그 사람은 만족할지도 모르지만, 회사로서는 좋을 게 하나도 없지.”

데빗은 자신이 있던 회사를 떠올리며 쓴웃음을 지었다.

“대체로 자신은 아무것도 안 하는 주제에 남의 실수에 왈가왈부하는 사람 중에는 제대로 뭘 할 줄 아는 인간이 없어. 최근에는 어느 회사에나 자기는 앉아 있거나 누워 뒹굴면서, 상처를 입었거나 혹이 난 사람들을 보고 조소하는 사람들이 늘고 있다고 해. 이런 사람들을 다 용서한다면 회사는 엉망진창이 되어버릴 거야.”

제임스는 강하게 단언했다. 그러나 이내 부드러운 표정을 지으며 데빗에게 물었다.

“주변 동료들이나 상사들 중에 ‘가능하면 해 볼게’라고 말하는 사람들 혹시 없는가?”

"상처 입은 닭을 죽이지 말라는 것이 정확한 표현이지만…
그래. 닭은 사실 잔혹한 동물이어서 말이지,
무리 중의 한 마리가 조금 피를 흘리고 있으면 다 덤벼들어
그 상처 난 부분을 쪼아서, 그 녀석을 죽여버린다는군."

“예, 저… 많이 있습니다.”

“그 사람들이 정말 그 일을 하던가?”

“아뇨…, 대부분 할 수 없는 이유를 대며 하지 않는 경우가 많습니다.”

“그럴 거야. 가능하면 해 보겠다는 사람은 아무리 시간이 지나도 못하지. 그건 ‘안 하겠습니다’ 하는 거나 다름없으니까 말이야.”

제임스는 빙긋이 웃으며 잔에 남아 있는 맥주를 마저 마셨다.

“생각해 봐. 뭐든 처음부터 100% 갖춰져 있는 일이란 있을 수 없어. 그것을 채우는 것이 ‘일’이지. 그걸 두려워해서는 일한다고 할 수 없어. 난 그걸 채우라고 월급을 주며 사원을 고용하는 것이지.”

데빗은 자신을 돌아보며 약간 뜨끔했다.

“대체로,

부족한 점이 있기 때문에 진보가 있는 거야.

인간은 재미있는 동물이어서 할 수 있든 없든 문제를 해결하려고 이런저런 노력을 하다 보면 독특한 아이디어가 나오게 되어 있거든.”
제임스는 눈을 반짝이면서 말했다.

그때 마침 첫 번째 접시가 나왔다. 제임스는 부르고뉴산 레드 와인을 주문했다. 웨이터가 그것을 전표에 적어 넣고 자리를 뜨자 이야기를 계속했다.
“어쨌든 말이야, 인간이 진보하기 위해서는 먼저 제 일보를 내딛는 것이 중요해. 주저하며 멈춰서는 안 돼. 왜 그런지 알겠나?”
데빗이 얼른 대답을 못하자 제임스는 그대로 이야기를 계속했다.

"왜냐하면 거기에 어떤 장해가 있는지, 어떤 가능성이 있는지 발을 디뎌 봐야 비로소 알게 되기 때문이지. 그래서 나는 용기를 가지고 '시도해 볼 것'을 회사 안에서 권장하는 거야. 무슨 일이든 '보기', '듣기', '시도해 보기', 이 세 가지를 실천하는 것을 빼놓을 수 없겠지만,

무엇보다도 '시도해 보기'가 가장 중요해.

물론 실패도 많이 하겠지. 하지만 실패한 횟수만큼 성공하는 법이야."

데빗은 묵묵히 귀를 기울이고 있었다.

"특히 젊은 사람들에게는 무슨 일이든 과감히 해 주기를 바라지. '젊을 때 고생은 사서도 한다고 하잖아. 비슷한 말로, '젊을 때 실패는 상사에게 맞서더라도 하라'는 거지.

젊을 때의 실패는 대단한 게 아냐.

그것 때문에 회사가 망하는 일은 없어. 그러니 당당하게 실패하면 되는 거야.”

소믈리에(역주-Sommelier, 와인이 있는 고급 레스토랑에서 와인을 관리하고 서빙하는 전문 웨이터)가 와인을 가져와서 제임스의 잔에 따랐다. 제임스는 시음을 하고, OK임을 전하고 데빗의 잔에도 와인을 따르기를 기다렸다가 다시 이야기를 시작했다.

“반대로 말이야, 젊을 때부터 소극적이고 보수적인 사고방식으로 바들바들 떨며 살아 온 사람이 나이를 먹어 책임 있는 지 위에 올랐을 때 실패를 한다면 정말 곤란해. 이럴 땐 정말 회사가 위험해지지. 이편이 훨씬 위험하고 큰일이지.”

순간적으로 데빗에게는 몇 명인가의 얼굴이 떠오르며 ‘정말 그래’ 하는 생각이 들었다.

“어쨌든 말이야, 회사를 그만둘 때는 ‘여러분 덕분에 큰 실수 없이 보낼 수 있었습니다’ 라는 바보 같은 인사는 안 했으면 좋겠다고 나는 생각해. 그런 시대에 뒤떨어진 사고방식과는 이제 안녕 해도 좋을 때가 아닐까?”

이 말은 데빗의 마음 깊은 곳까지 와 닿았다. 자신이 머물던 회사에서 퇴직 인사를 하는 사람들이 상투적으로 이 말을 할 때마다 자신의 인생도 빤히 보이는 듯한 느낌이 들었기 때문이다.

“그것보다도 ‘나는 여러 가지 실패도 했지만, 이런 큰일도 했다’ 고 자랑하는 삶의 방식으로 살아주었으면 해. 이것이야말로 충실하게 인생을 사는 방법이 아닐까?”

데빗은 자신도 모르게 머리를 끄덕이며 제임스의 이야기에 빨려 들어갔다.

“그러니까 실패는 회사를 위해서도 자신을 위해서도 많이 해봐야 해. 그런 풍토를 소중히 여기라고 그런 벽보를 부적처럼 붙여 놓은 거야. 자네가 그렇게 회의에 빠져들 정도였다니, 아직 우리 회사도 쓸 만한 것 같아 안심이야."

제임스는 사람 좋은 미소를 지으며 와인 잔에 입을 대었다.

데빗은 강한 충격을 받았다. 제임스가 하는 말이 괜한 미사여구가 아니라는 것쯤은 오늘 하루의 회의만 봐도 알 수 있었다.

최근 은행에도 성과주의라는 말이 생겨났다고는 하지만, 성과를 내려다 실패라도 하면 여전히 감점(減點)주의가 얼굴을 내민다. 실패한 사람을 떠밀어 낼 기회이므로, 회의에 제물로 올려 죽여버린다. 그래서 누구나 실패를 두려워한다.

데빗은 회사란 원래 그런 것이라고 생각했다. 최악의 경우에는 자신처럼 상사가 실패한 것을 부하가 떠맡기도 한다. 그것도 역시 회사라는 조직에 있는 한 어쩔 수 없는 것이라고 생각했다.

(나는 참 어리석은 삶을 살고 있었구나!)

데빗은 분함과 부끄러움이 뒤죽박죽된 기분이었다.

그런 데빗의 표정을 눈치챘는지, 제임스가 재빨리 물어 왔다.

"참, 아까 분명 딱 한 번 예외가 있었다고 했지. 그게 어떤 경우인지 말해 줄 수 있나?"

데빗이 마지막 회의에서 본 유일한 '실패에 대한 질책' 상황을 설명하자, 제임스는 고개를 끄덕이면서 말했다.

"과연 그건 야단맞아도 할 수 없는 일이었군. 어째서인지 아나?"

데빗은 고개를 갸웃거리며 모르겠다는 반응을 보였다.

"제대로 반성하지 않았기 때문이야."

제임스가 대답했다.

"내가 좀전에 '발을 디뎌 봐야 비로소 어떤 장해가 있는지 안다'고 했지. 실패는 소중하지만, 그것을 성공으로 되돌리기 위해서는,

실패한 원인을 추적하여 반성하고, 두 번 다시

같은 원인으로 실패하지 않도록 하는 것이 중요한 거야.

그렇지 않으면 실패를 살리지 못해. 그다음에 이어지는 노력이 없으면 실패는 무의미해. 내가 말했던 실패가 아냐."
　제임스는 강한 어조로 말했다.
　"자네가 참석한 마지막 회의에서 야단맞은 사람은 이야기를 들어 보니, 이 중요한 사항을 지키지 않았더군. 실패한 것을 그저 사과하기만 했을 뿐이야."
　"그렇군요."
　데빗은 맞장구를 쳤다.
　"실패하면 바로 사과하는 사람이 많은데, 그런 건 큰 의미가 없어. 그건 정말 사과한 게 아냐."
　제임스는 와인을 한 모금 마셨다. 그리고 데빗을 시험해 보겠다는 듯한 표정으로 말했다.
　"자네, '실패는 성공의 어머니'란 말을 알고 있지?"

"예, 자주 듣는 말입니다."

"나도 아까 '실패한 수만큼 성공도 태어난다'고 말했지만, 자네는 정말 이 말이 세상의 진실이라고 생각하나?"

"옳은 말이라고 생각합니다만…."

데빗은 대답했다.

그러나 제임스는 과연 그럴까 하는 얼굴로 말했다.

"나는 세상에서 정말로 실패를 성공의 어머니로 삼는 사람은 극히 드물 거라고 생각해. 그 이유는 실제로는 실패를 제대로 반성하는 사람이 적기 때문이야. 보통 사과로 끝내거나, 아니면 그냥 감춰버리지. 이래서는 진화가 없어. 회사는 고객의 기대에 부응하기 위해 계속 진화해야만 해. 그러려면 실패를 성공의 어머니로 삼는 진지한 태도와 노력이 필요하지."

"오, 그렇군요."

데빗은 자신도 모르게 중얼거렸다.

큼직한 화이트 아스파라거스로 장식한 첫 번째 요리를 맛있게 먹고 나자, 제임스는 장난스런 표정을 지으며 말했다.

"그리고 자네도 우리 회사에 근무하게 되었으니 외워 두는 편이 좋다고 생각하는데, 나머지 한 가지 '실패'에 대해 중요한 규칙이 있어."

데빗은 규칙이라는 말에 이내 긴장한 얼굴을 하고 물었다.

"어떤 것입니까?"

"'원숭이도 나무에서 떨어진다'는 속담 알고 있겠지? 나는 그것만큼은 용서할 수가 없어."

왠지 알겠나, 하는 얼굴로 제임스는 데빗을 바라보았다.

"요컨대 방심이나 태만, 긴장이 풀어져서 하는 실패란 말이야. 이런 실패는 유감스럽지만 난 관용을 베풀 수가 없어. 특히 베테랑들에게 자주 하는 말이지. 대체로,

자신이 베테랑이라 생각하는 것에서부터
몰락은 시작되는 것이니까.

정말 대단한 베테랑은 죽을 때까지 베테랑임을 인정하지 않고 날마다 연구하는 태도를 흩트리지 않지. 흔해 빠진 업무 방식과 과거의 성공 체험에 만족해 있으면, 이 변화무쌍한 시대에 금세 낙오자가 될걸세."

데빗은 고개를 크게 끄덕였다. 그리고 지금까지의 이야기를 수첩에 적어도 좋은지 물었다.

"물론."

제임스가 대답했다. 서둘러 펜을 놀리며 이야기의 포인트를 다 적은 데빗은 수첩에서 얼굴을 들고 말했다.

"닭 회의 이야기는 잘 알겠습니다. 가슴에 와 닿는 이야기입니다. 그리고 왜 제가 오늘 하루 이렇게 회의에 몰두하게 되었는지, 그 이유 중 하나를 알 것 같습니다. 유감스럽게도 저는 닭으로서밖에 회의를 한 적이 없었는지 모릅니다. 그리고 그런 저 자신도 상처 입은 닭을 공격하는 쪽이었을지도 모릅니다."

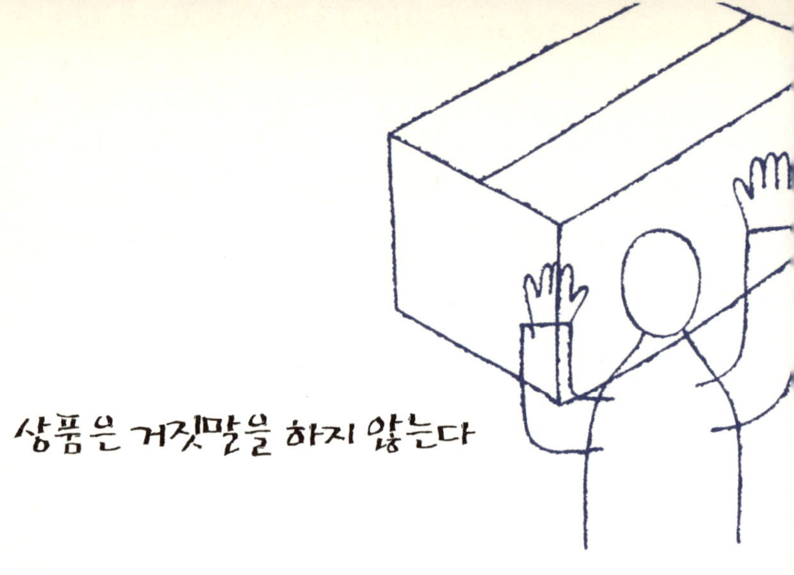

상품은 거짓말을 하지 않는다

테이블에는 두 번째 접시가 나왔다.

데빗의 표정에는 뭐라고 표현할 수 없는 부드러움이 배어 나왔다. 그것은 사회인이 된 이후, 지금까지 어딘가에서 잃어 버린 얼굴 표정이었다. 데빗 안에서는 틀림없이 뭔가가 변화하고 있었다.

이번에는 데빗도 긴장하지 않고 제임스에게 확인하고 싶었던 것을 솔직하게 물어볼 수 있었다.

"그렇다 해도 그렇게까지 상품에 연연하는 것은 어째서입니까? 눈곱만큼의 타협조차 허락하지 않는 자세는 장엄할 정도여서, 솔직히 무섭기조차 했습니다."

"자네 회사에서는 그렇지 않아?"

"유감스럽게도…."

"그래? 그런데 자네는 소비자가 물건의 차이를 어느 정도 알 거라고 생각하고 있나?"

"어려운 질문이군요…."

데빗은 수프를 뜨던 손을 멈추고 생각했다. 그러나 마땅한 대답이 떠오르지 않았다.

제임스는 조금 장난스럽게 물었다.

"아마추어라면 약간의 차이는 어차피 모를 거야, 하는 생각을 한순간이라도 한 적은 없어?"

데빗은 고개를 숙이며 대답했다.

"그렇군요. 없다고는 말할 수 없겠습니다."

"자네는 정직해서 좋군. 자네는 지금, 자신이 아주 중요한 문제점을 지적했다는 사실을 깨달았나?"

제임스가 웃으며 말했다.

데빗은 작게 머리를 가로저으며 모르겠다는 시늉을 했다.

"겉으로는 죽어도 말하지 않겠지만, 많은 기업들이 자네가 언뜻 생각한 적이 있는 '아마추어의 눈으로는 그 정도 차이는 발견하지 못해' 라고 생각하곤 하지. 그 사고방식이 가장 큰 문제야. 소비자를 무시하는 마음이 어딘가에 있다는 거지."

제임스는 처음으로 아주 진지한 얼굴이 되었다.

"상품이란 정직한 거야. 인간은 거짓말을 할 수 있지만 상품에는 그대로 나타나지.

상품은 절대로 거짓말을 하지 않아.

그리고 변명도 하지 않아.”

제임스의 목소리가 한층 커졌다.

“알겠나? 회사에서는 그 회사가 다루는 상품 하나하나가 그 회사의 모든 것이야. 그것에 따라 세상 사람들의 평가를 받는 거지. 여차할 경우에는 과대한 선전도, 핑계 같은 사죄도, 아무런 도움이 되지 않아. 교묘하게 잘 말했다고 생각해도 결국은 들통 나게 되어 있거든.”

데빗은 등을 곧게 펴고 진지한 시선으로 제임스의 이야기에 귀를 기울였다.

“이런 장사의 기본 중의 기본을 잊고 있는 회사가 최근에는 너무 많아. 같은 경영자로서 정말 한심하다는 생각이 들어.”

제임스의 이마에는 슬픈 주름이 지어졌다.

“게다가 소비자의 눈을 우습게 봐서는 안 돼. 소비자는 매우 엄정하고 날카로운 감각을 가진 비평가라고 생각하는 게 옳아. 이 상품이 좋은지 나쁜지를 한눈에 간파하는 힘을 가지고 있다구. 게다가 나쁘다고 생각하면 말을 해 주면 그나마 나은데, 가타부타 말도 없이 안 사는 사람들이 바로 소비자지. 소비자만큼은 절대 무시해서는 안 돼.”

제임스의 목소리에 다시 힘이 들어갔다.

“문제에 정면으로 맞서서 깨끗이 해결하려고 하면, 사람도 들고 돈도 들지. 그래서 손익 계산을 해 보면 일견 손해를 보는 것도 같을 거야. 그러나 본질적으로 해결해야 할 것을 피상적, 정치적으로 해결하면 어딘가에 무리가 생겨 반드시 화근을 남기고 말아. 그리고 그 결과는 반드시 자신에게 되돌아오고, 세상이라는 게 그런 거야.”

데빗은 고개를 끄덕이면서 듣고 있었다. 제임스는 데빗의 동의를 눈으로 확인하더니, 이야기를 계속했다.

“상품 역시 마찬가지야. 기술적으로 해결해야 할 것은 어떻게 해서든 기술적인 노력을 들여 해결해야 해. 그게 어렵다고 자신들에게 편한 해결책을 찾는다면, 결국은 소비자에게 폐를 끼치게 돼. 자네는 그런 상품을 산 경험이 없나?"

"글쎄요, 어째서 이런 곳에 이 단추가 달려 있지, 더 불편하지 않나, 하는 경우나, 무슨 생각으로 만들었을까, 무슨 생각으로 팔고 있는 걸까, 하는 생각을 한 상품이나 서비스는 많았습니다."

"그렇지. 그런 상품은 설령 처음에는 특이해서 좀 팔렸다 해도 결국은 팔리지 않게 돼. 또 그런 상품만 내는 회사는 점차 소비자들에게서 멀어지고 말아."

(확실히 그래.)

데빗은 생각했다.

"게다가 말이야."

제임스가 힘이 담긴 목소리로 말했다.

"이 당연한 감각이 마비되면 소비자에게 유해하다고 생각하는 것을 팔고 있으면서도 그것마저 느끼지 못해. 아니면 느끼면서도 예사로 팔거나. 그런 상품을 판다는 것은 일종의 속임

수이며, 소비자에 대한 배신 행위 그 이상이야. 무서운 벌칙
이 필요한 행위지.”

어느 정도 예상은 했지만, 자신이 사흘 전까지 근무했던 회
사와는 전혀 딴판이었다. 무엇보다 무서웠던 것은 자신이 어
느 틈엔가 그런 거만한 생각에 물들어 있었다는 사실이었다.

(골치 아픈 문제는 ‘조정(調整)’을 통해 해결한다는 것이 상
식이었다. 그리고 그렇게 해결하는 사람이 우수한 인재라 생
각하기도 했고…. 물론 정치적 해결이라는 말에 혐오감은 있
었다. 그러나 그것이 소비자 부재(不在)의 해결 방법이라는
의식까지는 없었다. 상품 서비스로 바꿔 생각할 때, 자신은
은행원으로서 정말로 예금자와 투자회사를 위해 일했을까?
‘마음속으로는 소비자를 얕보고 있었던…’ 건 아닐까. 정말
그랬을지도 모르겠는걸?)

데빗이 머릿속으로 제임스가 한 말을 반추하고 있을 때 계
속해서 제임스의 목소리가 들려왔다.

"게다가 상품에 몰두한 그런 철저한 해결 자세는 부산물을 만들어 내기도 하지."

데빗은 제정신으로 돌아와, 제임스의 이야기에 다시 귀를 기울였다.

"무슨 말인가 하면 어려운 문제는 간단히 풀 수 없으니, 아무래도 막판까지 가게 되지. 그러면 모두 필사적으로 노력해. 재미있게도 그런 상태까지 가면 인간은 신기하게도 해내는 거야.

노력해서 안 되는 일은 없다는 말이야. 화재가 난 곳에서 자신도 모르게 발휘되는 힘 같은 거라고나 할까? 그렇게 한 가지 일을 이룩하면, 그 일에 관여한 사람들은 자신을 갖게 되지. 자신이 붙으면 그 자신을 가지고 다음의 큰 목표를 향해 도전하고자 하겠지? 이런 선순환이 회사 내에 생겨나는 거야."

제임스의 얼굴이 기쁜 듯이 빛났다. 그리고 아이처럼 장난기 가득한 표정으로 말했다.

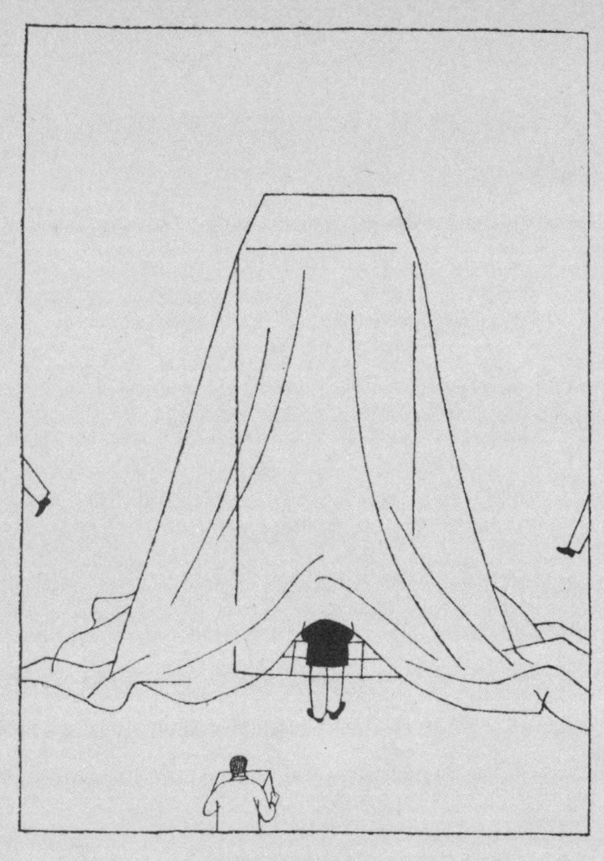

"자신이 베테랑이라 생각하는 것에서부터
몰락은 시작되는 것이니까. 정말 대단한 베테랑은
죽을 때까지 베테랑임을 인정하지 않고 연구하는 태도를 흐트리지 않지…"

"애초에 창의적 발명이라는 것은 하늘이 내린 기상에 의한 것이 아니라, 절박한 상황에서 짜낸 지혜에서 생겨나는 거야."

데빗은 제임스를 미워할 수 없는 사람이라 생각했다. 그리고 그 천진난만함에 매료되었다.

상품의 완성도를 철저하게 추구하는 자세의 중요성을 재확인한 데빗은 다음 질문으로 넘어갔다.

"그런데 시장 조사, 시장 분석이라는 것에 대해서는 어떻게 생각하십니까?"

퀴즈!?

제임스는 세 번째 메인 접시의 요리를 맛있게 입에 넣었다.
그리고 계속해서 와인을 한 모금 마신 후 물었다.

"어째서 그런 질문이 나온 거지?"

"예, 제가 있던 회사에서는 상품 개발 회의를 할 때는 반드시
상사나 임원으로부터 '소비자들은 어떻게 말하고 있는가' 라는
질문이 날아왔습니다. 그래서 개발하기 전에 흥행 실적과 설문

등의 자료들을 준비해서 그것을 기초로 상품을 생각하는 것이 필수였습니다. 그런데 이곳 회의에서는, 공교롭게 오늘만 그랬는지는 모르겠지만, 그런 모습들이 전혀 보이지 않았습니다.”

“그런가…?”

제임스는 생각에 잠긴 표정을 지으며 말했다.

“되묻겠는데 자네는 시장 분석에 대해 어떤 견해를 가지고 있지?”

데빗은 갑작스런 질문에 순간 당황했다.

“예, 근래 들어 자주 듣는 말입니다, 역시 앞으로는 고객의 요구에 맞는 상품을 제공하는 것이 무엇보다 중요하다고 생각합니다. 고객의 요구가 어디에 있는지를 간파하기 위해서도, 시장 분석은 기업에게 점점 중요해지는 요소라고 생각합니다.”

데빗은 너무 교과서 같은 대답인가, 하고 잠깐 생각했다. 그러니 그렇게 배워 왔고, 어떤 책을 읽어도 그런 식으로 중요성에 대해 노래하고 있다. 그 이외의 대답이 있을까 생각했다.

"과연, 자네는 정말 머리가 좋군. 질문에 대해 제대로 정론을 대답할 줄 아는 능력이 있어."

데빗은 빈정거림이란 걸 금방 알았지만, 제임스가 웃으면서 말하니 이상하게 전혀 기분이 나쁘지 않았다. 오히려 '앗, 얕은 지식을 들켜버렸는걸' 하는 생각이, 사실은 무엇이든 꿰뚫어보고 있는 아버지를 대하는 어릴 때 같은 기분이 들었다.

"좋아, 그럼 내가 퀴즈 하나 낼까?"

제임스는 느닷없는 제안을 했다.

"첫 번째 질문. 준비는 됐나?"

제임스의 표정이 이번에는 장난꾸러기 아이 같아졌다.

"자네가 있는 이 식당은 무슨 요리를 하는 식당이지?"

"프랑스 요리…입니다."

데빗은 맥이 풀린 표정을 지었다.

"그래, 프랑스 요리를 하는 곳이야. 그러면 주위 테이블들을 둘러 봐. 뭔가 느껴지는 게 없나?"

데빗은 시키는 대로 주변 테이블을 둘러보았다. 말끔하게 정장을 차려입고 접대를 하고 있는 듯한 그룹, 중년 부부, 그리고 젊은 커플… 여러 부류의 사람들이 테이블을 둘러싸고 있었다. 그러나 특별한 점은 눈에 띄지 않았다.

"어때, 알겠나?"

제임스가 물었다.

"아뇨, 이렇다 할 만한 것은…."

"그럼 힌트를 주지. 음료수에 주목해 보게."

데빗은 한 번 더 주위를 둘러보았다. 이번에는 테이블의 잔들을 유심히 보았다. 듣고 보니 확실히 노란 액체가 든 잔들이 많이 눈에 띄었다.

"맥주…인가요?"

데빗은 머뭇머뭇 대답했다.

"정답!"

제임스가 웃었다.

"그래, 여기는 프렌치 식당이지만 오늘은 맥주가 잘 팔리고 있는 것 같아."

제임스는 즐거워했다. 한편 데빗은 아직 제임스의 진의를 파악하지 못하고 있었다.

"그럼 지금부터가 진짜 퀴즈야."

제임스는 그렇게 말한 후 다음과 같이 질문했다.

"레지스터를 마감하면 오늘의 매상 데이터가 나오지. 아마 맥주가 잘 팔렸다는 통계가 나올걸. 그럼 내일도 맥주가 잘 팔릴 거라고 말할 수 있을까?"

데빗은 잠시 생각에 잠겼다. 확실히 오늘은 맥주가 잘 나가는 것 같았다. 실제로 자신들도 처음에 맥주를 주문하지 않았는가.

데빗은 프렌치 식당에 대해서는 잘 몰랐다. 그러나 이곳이

아무리 캐주얼 프렌치 부류에 속하는 식당이라 해도 맥주를 이렇게 많이 주문받는 것이 당연하다고 생각하기는 어려웠다.

데빗은 곰곰이 이유를 생각해 보았다. 그러자 문득 이런 생각이 머리를 스쳤다.

(오늘은 아직 5월 초인데도, 갑자기 여름이 찾아온 것처럼 더웠다. 갑작스런 날씨의 변화로 목이 자주 말랐다. 시원한 맥주가 그리워지는 날이었다. 그래서 맥주가 많이 팔렸을 것이다. 그러나 내일도 오늘 같은 날씨일 거라고는 장담할 수 없다. 따라서 내일도 오늘처럼 잘 팔릴지는 모른다….)

데빗은 생각을 정리한 후 말했다.

"내일도 잘 팔릴지 어떨지는 모릅니다."

"나도 그럴 거라고 생각해. 이유는?"

데빗은 아까 머리에 떠오른 생각을 설명했다.

제임스는 그 설명을 만족스럽게 들은 후 다시 물었다.

"오케이, 그럼 두 번째 질문. 그러한 문제의 출현이 새로운 시장을 만들었거나, 혹은 업계를 활성화시켰다고 할 수 있는 획기적인 히트 상품, 즉 내 식으로 말하자면 세상을 건강하게 해 준 히트 상품을 몇 가지 말해봐.”

데빗은 눈을 감고 생각해 보았다. 처음으로 사회인이 되었을 무렵, 학창 시절, 더 거슬러 올라가서 초등학생이었을 때까지 기억을 더듬어 보았다. 그리고 몇 가지 머리에 떠오르는 것을 말했다.

“워크맨, 패미컴(역주-닌텐도의 게임기), 드라이 맥주, i모드(역주-무선 인터넷 서비스)…, 디즈니랜드도 그럴지 모르겠군요. 아직 더 있을 거라고 생각합니다만.”

제임스는 재미있다는 듯이 듣고 있었다. 그리고 말했다.

“과연, 그것이 자네들 시대의 획기적인 히트 상품의 일례이구만.”

“예, 대충 그렇습니다.”

“그럼 묻겠는데, 자네가 말한 그 상품들은 시장조사를 하고 자료들을 분석해서 나온 상품일 거라고 생각하나?"

제임스가 진지한 얼굴로 질문했다.

데빗은 직감적으로 '아니구나' 하는 걸 느끼고 그대로 대답했다.

"나도 각 회사들의 실정은 잘 모르지만, 아마 그렇지 않을 거라고 생각해."

제임스가 말했다.

테이블의 와인 잔이 비어 있어서 웨이터가 주문을 받으러 왔다. 제임스는 이번에는 보르도산의 붉은 와인을 청했다.

웨이터가 가고 나자 제임스는 말했다.

"좋아. 이상으로 퀴즈는 마치도록 하지. 그리고 이것이 시장 분석에 대한 나의 생각이야."

데빗은 아직 잘 모르겠다는 표정이었다. 확실히 퀴즈 정답자로서는 제임스에게 합격 점수를 받은 것 같은데, 제임스가 결국 무엇을 말하고 싶어하는지를 이해하려면 머릿속으로 정리를 할 필요가 있었다.

"죄송합니다. 아직 이해가 잘되지 않습니다."

데빗은 제임스에게 정직하게 가르침을 부탁했다.

사람의 마음을 읽어라

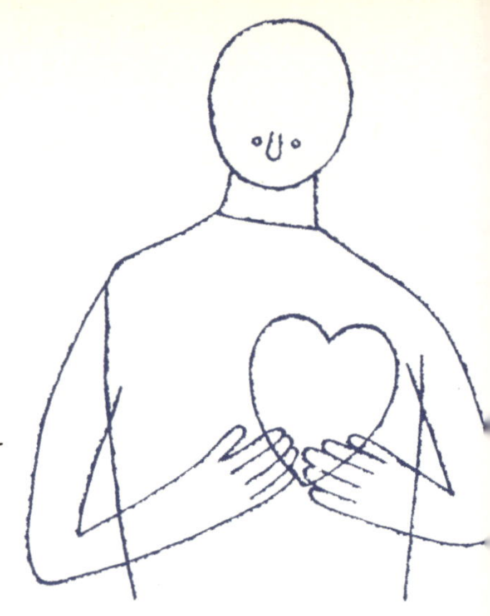

"**음,** 대체로 자네가 본 대로라고 생각해. 그러나 잘 모르겠다고 하니, 설명을 덧붙이는 편이 좋겠군. 오해받기 쉬운 이야기이기도 하지만, 나는 지금의 풍조가 아무래도 좀 지나치다는 생각이 들어. 그야말로 뭔가 오해하고 있다고나 할까? 더 소중한 것은 딴 데에 둔 채, 시장 분석이라는 '기술' 에만 치중하는 것처럼 느껴지거든. 그래서 나는 굳이 내 의견을 강하게 말하

려는 거야. 진의를 헤아려 들어 주었으면 해.”

제임스는 지금까지와 달리, 조심스레 전제한 후 자신의 생각을 이야기하기 시작했다.

“나도 시장 분석은 어떤 의미에서는 아주 유효하다고 생각해. 예를 들면 지금 내놓은 상품에 대한 평판을 들으려는 경우에는 상당히 도움이 되지. 이것은 틀림없어. 그러나 그렇다고 해서 시장 분석을 근거로 상품을 개발하면 잘 팔리는 상품이 나오는가 하면, 그건 또 모르는 일이라고밖에 말할 수 없다네. 설문이나 자료 같은 것은 결국 이미 세상에 있는 것에 대한 비평이어서 과거에 대해서는 이야기할 수 있지만, 미래에 대해 이야기하는 것은 아니기 때문이지. 내일은 이것이 팔립니다, 하고 말해주지 않는다는 거야.”

그 말을 듣고 데빗은 ‘첫 번째 퀴즈’를 떠올렸다.

(확실히 오늘 팔린 것이 내일도 팔린다는 보장은 없어. 내일은 내일의 환경에 맞는 것만이 팔리는 거야….)

"그래서 나는 독창적인 신상품을 만들려면 시장 분석의 유효성은 한없이 제로에 가깝다고 생각하지."

두 번째 퀴즈에서 말하고 싶었던 것을 제임스는 언급했다.

"이것을 이해하지 못하고, 뭐든 시장 분석에만 의존해버리면, 대체로 평범해지거나 소비자의 의견을 토대로 만들었는데도 의외로 소비자들이 등을 돌리게 되지."

데빗은 최근 들어 자주 눈에 띄는, 소비자에게 아첨하는 듯한 시시한 상품을 떠올렸다.

"창조력, 창조력 하고 말들 하지만, 말과는 달리 '창조'라는 작업을 너무 안이하게 생각하는 것 같은 느낌이 들어. 컴퓨터만 다다닥 두들기면 주르르 대답이 나오듯이 말이야. 시장 분석이라는 말이 그런 이미지를 갖는 게 아닐까?"

데빗은 뜨끔했다. 자신도 남들에게 "지금 시장 분석 하고 있어"라고 말할 때는 뭔지 모르게 자기가 창의적이고 중요한 일을 하고 있다는 자부심을 가진 적이 있었기 때문이다.

"시장 분석이라는 것은 경험에서 나온 날카로운 감과 명확한 이론을 가진 사람들이 자신의 생각과 비교 대조를 하기 위한 자료로 써야 하는 것이야. 그런데 그렇지 못한 사람일수록 꼭 고객 관점이란 이름 아래 먼저 시장 분석부터 들어가려고 하지. 그게 최선의 방법인 줄 아는 거야. 스스로 정확한 판단도 내리지 못하는 사람이 책임 회피를 위한 재료로 시장 분석을 사용한다면, 회사는 엉망이 되지 않겠나?"

지금까지 데빗의 경험에 비춰 보면 제임스의 이야기는 전부 맞았다. 열심히 시장 분석을 하는데 좀처럼 히트 상품이 나오지 않는 것도 그렇고, 실제로는 변변찮은 가설밖에 세우지 못한 채 시장 분석 자체가 목적이 되어버린 것도 그렇고.

이제 회사에서 시장 분석은 너무 중요한 일이 되어버렸다. 그리고 전례 없는 제안이나 너무 참신해 자신으로서는 이해할 수 없는 아이디어에 대한 의사 결정을 임원이나 상급 관리자기 피히는 일 역시 종종 있는 일이다.

제임스의 이야기는 계속 이어졌다.

"소비자가 쌍수를 들어 환영하는 상품이라는 것은 소비자가 전혀 생각지도 못했던 즐거움을 제공할 만큼 새로운 내용의 것이 아니면 안 돼. 자네가 아까 말한 히트 상품들은 그야말로 임팩트가 있는 게 아니었나? 그러니까 호응을 얻었고, 새로운 시장까지 낳았지."

데빗은 고개를 끄덕이며 동의를 표시했다.

"그렇지? 실은 그런 상품을 낳기 위해서는 중요한 것이 한 가지 있지."

"그게 무엇입니까?"

데빗이 물었다.

"정말 창조적인 상품을 낳기 위해서는 먼저 우리가 만들어 낸 상품이,

개나 고양이가 사는 것이 아니라 사람이 돈 내고 사는 것

이라는 사실을 머릿속에 확실하게 새겨두는 거야."

제임스는 대사의 마지막 부분을, 이것이 정말 중요한 것이라는 듯 천천히 말했다.

그러나 데빗은 아직 제대로 이해할 수 없다는 얼굴을 하고 있었다. 그것을 간파한 제임스는 이야기를 계속했다.

"요즘 세상에는 회사들 간의 기술력 차이란 거의 없다고 생각하는 편이 좋아. 이제 기술자에게 가장 부족한 것은 기술이 아냐."

제임스는 아주 잠깐 틈을 둔 후 불쑥 제임스에게 질문을 던졌다.

"자네는 그게 뭐라고 생각하나?"

(기술자에게 부족한 것…?)

데빗은 잠깐 생각하다 이내 포기하고 말했다.

"죄송합니다. 잘 모르겠습니다."

제임스는 빙긋 웃으며 말했디.

"우리는 사람을 상대로 상품을 만들어 팔고 있는 사람들이
니, 역시 인간 연구가 제일 중요하겠지. 그런데 지금까지 기
술자라는 사람들의 시야는 자신의 연구 대상으로만 향하고
있어서 인간을 이해하기 위한 관찰을 게을리 해 온 편이라고
말할 수 있지. 그러나 인간의 마음을 이해하지 못하고, 희로
애락을 이해하지 못하고, 불만과 희망을 모른다면, 진정으로
소비자가 받아들여 줄 수 있는 상품을 창조하고 생산하는 것
은 불가능하네."

데빗은 조금씩 제임스가 하고자 하는 말뜻을 알아들을 수
있었다.

"그것은 기술자에게만 해당되는 이야기가 아니라는 말씀이
시군요."

"그렇지, 자네 말대로야. 먼저,

시람의 마음을 읽는 것이 상품을 칭조하는 구원

이 되지. 이 원칙은 우리 같은 제조회사뿐만 아니라, 그리고 기술자들뿐만 아니라 모든 산업, 모든 직종에 공통된다고 말할 수 있지. 모두 사람을 상대로 하는 장사이니까 말이야."

데빗의 반응에 제임스는 기쁜 표정을 지으며 대답했다.

"그러기 위해서는 남들에게 들은 이야기나 책 몇 줄 읽은 것으로 아는 척할 게 아니라 자기 스스로 직접 사람들과 많이 부딪쳐 봐야겠지.

상대방의 입장에서 생각할 때 비로소 인간이 보이는 법

이니까 말이야. 기쁜 일, 슬픈 일, 즐거운 일, 싫은 일…. 그런 정말 중요한 것들은 팽개쳐 두고, 컴퓨터로 시장 분석이나 하고 있어서는 소비자가 진정으로 기뻐할 수 있는 상품이 절대나오지 않는다고 나는 믿어."

마침 와인 잔이 비어서 제임스는 이야기를 마쳤다.

　데빗은 제임스가 말하고자 하는 것이 이해가 갔다. 동시에 자신에게 결여되어 있는 중요한 점을 배웠다는 생각이 들었다.

　(여가 시간을 보내는 법도 모르는 주제에 분석 노하우와 『로지컬 싱킹Logical Thinking』이란 책만 읽으면, 그것으로 조금은 창조적인 비즈니스맨이 될 수 있다고 착각하고 있었다. 그러나 기술보다도 훨씬 가까운 곳에 실은 창조를 위해 알아야 할 더욱 소중한 것이 뒹굴고 있었던 것이다.
나는 내 주위의 사람조차도 이해하려는 노력을 안 하고 있었다. 이런 놈이 일반 대중의 마음을 이해할 수 있을 리가 없지. 그런데도 히트 상품이 나오지 않는 이유를, 요즘 소비자들의 취향이 너무 잘 변하는 탓으로 돌리고 도망쳐 왔다….)

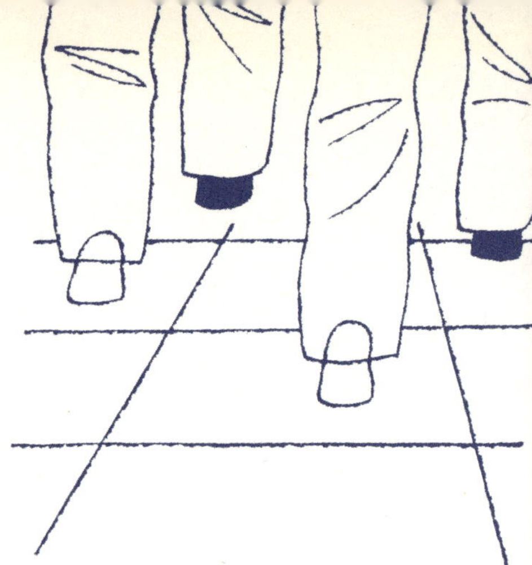

연구소로 출발

마침 그때, 제임스의 휴대전화로 연락이 왔다. 제임스는 양해를 구하고는 레스토랑 밖으로 나갔다.

데빗은 그동안 눈 깜짝 할 사이에 메모로 가득해진 수첩을 읽어 보고 있었다.

하나하나가 데빗에게는 마법의 말 같았다. 읽으면 반성을 하게 되었다. 단순히 반성만 하게 될 뿐만 아니라 어쩌면 이것을 계기로 새로운 자신으로 다시 태어날 것 같은, 그런 힘도 얻을 수 있었다.

제임스는 자리로 돌아오자마자 말했다

"미안하지만, 지금 연구소에 돌아가 봐야 할 것 같아."

설계도 일로 걱정되는 일이 한 가지 생겼다는 것이었다.

"괜찮다면 자네도 함께 가지 않겠나?"

데빗은 기꺼이 승낙했다.

마음만 먹으면 언제든지 연구소에 볼 수 있겠지만, 이렇게 많은 이야기를 듣고 가슴이 뜨거워져 있을 때 가고 싶었다. 게다가 드디어 수수께끼가 풀릴 때가 왔다고 생각했는데, 제임스와 헤어지는 것은 너무나 아쉬웠다.

"오케이. 그러면 모처럼 왔으니 디저트를 다 먹고 가도록 하지. 디저트도 마저 먹지 못하고 식사를 마쳐야 할 정도라면, 레스토랑 같은 데에는 안 오는 편이 낫지 않나?"

제임스는 이따금 보이는 아이 같은 전진한 얼굴로 말했다.

식사를 마친 두 사람은 택시를 타고 나란히 앉았다. 식당에서 본사와 인접한 연구소까지는 30분 정도의 거리였다.

택시가 달리기 시작하고 잠시 후, 제임스가 먼저 말을 꺼냈다.

"데빗, 자네를 보고 있으니 마치 신호등 같더군. 이야기를 하는 도중에 파랗게 질렸다가 빨갛게 상기됐다가. 아, 미안, 미안. 놀릴 생각은 없었네. 자네가 일하던 회사와는 많이 달랐던 모양이지?"

"그렇습니다. 모든 면에서 전혀 반대였습니다."

데빗은 쓴웃음을 지으면서 대답했다.

"전혀 반대라니, 그것도 대단한걸."

제임스가 놀란 목소리로 말했다.

"예, 실은 아직 말씀드리지 못했습니다만, 회의석에서 젊은 사람이든 누구든 공평하게 의견을 말하는 모습이 정말 부러웠습니다. 제가 있던 회사의 경우, 상사가 있는 자리에서는 발언을 자제하는 것이 불문율이었습니다. 상사가 의견을 물었

을 때만 발언을 하는 것이 예의였습니다. 극단적으로 말하는 것인지도 모르겠습니다만, 적어도 그런 공기가 있었던 것은 사실입니다. 더욱이 아무리 좋은 의견을 말했다고 해도 젊은 사람이 하면 참고 의견 정도로밖에 취급받지 못했습니다. 그래서…, 그… 뭐랄까, 자유로워서 참 좋겠구나, 하고 부러운 생각이 들었습니다."

"정말 믿을 수 없는 이야기구만."

제임스가 어이없다는 표정을 지었다.

"단지….."

"단지, 뭔가?"

"오늘 말씀을 듣고, 저는 오늘 집에 돌아가서 혼자 조용히 지금까지의 제 사고방식에 대해 저 자신에게 다시 한 번 물어보려고 생각하고 있습니다. 지금 단계에서도 제게는 아직 스스로 대답을 할 수 없는, 즉 어떻게 판단해야 좋을지 자신을 갖지 못하는 것들이, 유감스럽지만 남아 있습니다."

데빗은 자신의 수수께끼를 다 풀기 위해서는 아무래도 아직 한 가지 마음에 걸리는 것이 있다고 말했다.

"그게 무엇이지?"

제임스가 물었다.

"글쎄요, 아까의 이야기와도 연관되는 것입니다만, 좋은 아이디어가 나오면 이내 '그것 한번 해 보자' 하는 식으로 추진하는 점입니다."

"그것이 어떻게 걸리지?"

"직감적이라고 할까요…, 본능적으로는 그게 좋은 일이라고 생각하고 있습니다. 단지, 그런 움직임에 익숙하지 않은 탓에 좀 더 신중하게 다루는 것도 괜찮지 않을까 하는 생각이 드는 것도 사실입니다."

데빗이 말했다.

그때, 앞쪽으로 회사 간판이 나타났다. 데빗은 말의 속도를 빨리했다.

"아까, ‘시험해 보라’는 말씀을 듣고 어렴풋이나마 이해가 가긴 합니다. 그런데 ‘타사에서는 무엇을 하고 있는가’에서 출발해서 전원이 찬성할 때까지는 고(go) 사인이 나지 않고, 게다가 전원이 찬성한 후에도 실제로 일이 추진되기까지는 골치 아플 정도로 신중에 신중을 거듭하는 회사에 너무 오랫동안 있었던 탓에 체질적으로 몸에 배어버려서….”

데빗이 말을 마치는 것과 거의 동시에 택시가 회사 앞에 도착했다.

택시 요금을 내고, 데빗이 차에서 내리자 제임스가 말했다.

“오케이. 다음 이야기는 연구소에서 하도록 하지.”

연구소 건물의 몇 군데 방에는 아직 환하게 불이 켜져 있었다.

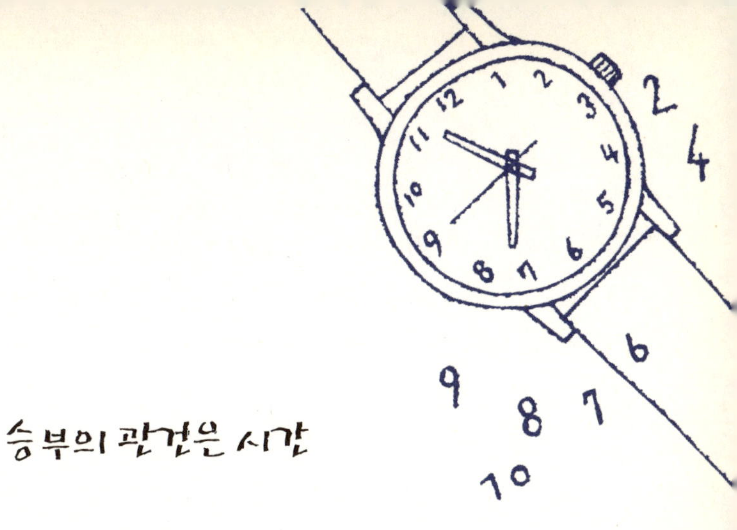

승부의 관건은 시간

연구소에 들어서자 제임스는 어느 방으로 들어가며 말했다.

"잠깐 여기서 기다리고 있게."

20분쯤 지났을까. 데빗은 응접실에서 수첩을 보며 제임스가 돌아오기를 기다리고 있었다. 중간에 제임스가 고함을 치는 소리가 들리기도 했다.

"우, 미안."

제임스가 나오며 말했다.

"조금 아까 큰 소리가 나는 것 같았습니다만…."

데빗은 그 부분에 대해 조용히 하고 있을까 생각했지만, 자기도 모르게 말이 흘러나왔다.

"어, 여기까지 들렸나?"

제임스가 웃으면서 말했다.

"완전히 자아도취야, 자아도취. 이건 좀 어렵겠구나 생각했던 것인데, 녀석이 금세 설계도를 만들어 왔다는 거야. 아무래도 마음에 걸려서 와 봤더니, 새로운 지혜가 전혀 들어 있지 않은 거야. 말했지? 이런 것은 회사를 위해서, 본인을 위해서, 그리고 무엇보다 고객을 위해서 용서할 수 없다고."

데빗은 신념을 지키는 제임스의 철저한 모습에 감탄했다. 이 사람은 회사, 사원, 그리고 고객을 진심으로 사랑하는 사람이었다.

"그럼 볼일도 끝났고, 기왕 여기까지 왔으니 한 바퀴 둘러

볼까?"

제임스의 안내로 데빗은 연구소를 둘러보았다.

제임스는 때로는 시작품(試作品)을 들어 보기도 하고, 때로는 사원을 대신해서 상품의 컨셉을 설명하기도 하면서, 마치 아이들이 유원지를 돌아다닐 때처럼 기쁜 얼굴로 데빗을 데리고 다녔다.

어느 한 방에는 묵묵히 설계도를 그리고 있는 젊은 사원이 있었다. 제임스는 그 방에도 들어가 설계도를 들여다보았다.

사원은 제임스에게 무슨 말을 듣게 될지 몰라 숨을 죽이고 서 있었다.

"음, 음."

고개를 끄덕이면서 제임스는 설계도를 찬찬히 보았다.

"이것 좋은데! 이런 방법도 있군. 내가 생각했던 것보다 훨씬 좋아. 음, 이건 재미있겠는걸. 좋아, 좋아, 이건 기대 돼."

제임스는 큰소리로 칭찬했다.

그리고 그 젊은 사원과 가볍게 의견을 교환한 후, 더 이상 방해가 되지 않도록 방을 나왔다.

"어때, 재미있지? 이렇게 말하긴 뭣하지만 나는 역시 이곳과 공장이 제일 좋아."

제임스가 말했다.

사회인이 된 후 줄곧 사무실 근무만 한 데빗에게는 연구소 안에서 보는 것들 모두가 신선했다.

"그러고 보니…."

데빗이 입을 열었다.

"응? 왜?"

"아까 사장님께서 재미있다고 말씀하신 설계도를 그린 젊은 사원 말입니다. 오늘 제가 참석한 첫 번째 회의에서 그 아이디어가 채택됐던 사람입니다."

"오, 그랬군."

제임스는 턱에 손을 댄 채 눈을 감았다. 뭔가 생각을 정리하는 것 같았다.

잠시 후 제임스는 눈을 뜨더니 데빗에게 말했다.

"자네가 택시 안에서 한 질문, 지금 그 이야기를 해 볼까?"

"저야 기쁠 따름입니다."

데빗이 대답했다.

"자네가 본 대로, 우리 회사에서는 시끌벅적하게 누구든 상관없이 서로 의견을 교환하고 있어. 나이가 많고 적고, 신참이고 베테랑이고, 상사고 부하고 하는 것은 전혀 관계없어. 자네는 그걸 부럽다고 했지?"

"그렇습니다."

"문제는 왜 그런 것을 중요시하는가 하는 것이지."

"제 경험으로 말씀드리자면,

반드시 베테랑과 상사에게서만

좋은 아이디어가 나오는 것은 아니기

때문이라고 생각합니다."

"옳지, 바로 그거야. 실은 모두 그 사실을 알고는 있어. 완전히 자기도취에 빠진 사람들을 제외하고 말이지. 지금 베테랑이니 상사니 하고 불리는 사람들 역시 젊은 시절에는 '내가 더 좋은 아이디어를 가지고 있는데' 하며 씁쓸해했던 경험이 있을 거야. 그런데 막상 자신이 그 자리에 서면, 그것을 까맣게 잊어버리는 경우가 많아. 그리고 체면을 중요시하게 되지. 고객은 그런 하찮은 체면에 돈을 지불하지 않아. 나 역시 체면을 세워 주기 위해 월급을 주는 게 아니고. 손님도 나도 사원의 아이디어에 돈을 지불하는 거야. 그러니까 만약 우리 회사에서 고객보다도 자신의 체면을 더 중요시하는 사원을 발견한다면, '이 월급 도둑놈!' 하고 소리치게."

데빗은 자기도 모르게 웃음이 터졌다. 그러면 자기가 있던 회사는 도둑투성이인 회사가 되어버리기 때문이었다.

그때 제임스가 진지한 얼굴로 말했다.

"알겠나? 경영에서 가장 중요한 것은,

진실 앞에서는 공평하면서 평등하라

는 거야."

지금까지 제임스의 말은 하나하나 데빗의 마음에 와 닿았지만, 이 말은 특히 감동스러웠다.

"진실 앞에서는 공평하라…. 정말 좋은 말씀이시군요. 소중히 가슴에 새기고 싶은 말입니다."

"그래, 아마 아까 젊은 사원의 아이디어는 공평하게 봐서 가장 좋은 아이디어였을 거야. 나도 참 재미있다고 생각했으니. 단지, 그게 정말 잘될지 어떨지는 솔직히 말해서 알 수 없지만."

"아무리 좋은 아이디어가 있어도 시간이라는
타이밍이 맞지 않으면 그 아이디어는 쓰레기나 마찬가지가 돼…
무슨 일이든 스피드가 가장 중요한 거야."

“걱정은 되지 않으십니까?”

“그런 건 걱정해 봐야 소용없는 일 아닌가. 그야말로 ‘시험해 보는’ 거지. 오히려 걱정해야 하는 것은 지금 이러는 사이에 같은 아이디어를 생각해서 먼저 진행하는 회사가 있을지도 모른다는 것이지. 우리만 장사를 하는 게 아냐. 아무리 좋은 아이디어가 있어도 시간이라는 타이밍이 맞지 않으면 그 아이디어는 쓰레기나 마찬가지가 돼. 알겠나? 어떤 발명이나 발견도 다른 사람보다 한 걸음만 늦으면 더 이상 발명도 발견도 아닌 거야. 이런 예는 너무 많아 셀 수도 없을 정도지. 정말로,

이이디어와 시간은 분리할 수 없는 것

이지.”

제임스는 소파에서 일어나 화이트보드에 커다랗게 ‘시간’

이라고 썼다.

그리고는 한참이나 물끄러미 바라본 후 데빗 쪽을 돌아보더니 천천히 말했다.

"시간은 말이야…,

시간만큼은 말이야, 신이 인간에게 평등하게 준 것

이야.

신은 불공평해서, 사람들은 이런저런 격차를 짊어지고 세상에 태어나지. 부잣집에 태어나는 사람, 가난한 집에 태어나는 사람, 건강한 사람, 병약한 사람, 잘생긴 사람, 빈말이라도 그렇게 말할 수 없는 사람…, 셀 수 없을 정도야. 본인에게는 아무런 책임도 없는데 말이지. 그러나 어디서 어떻게 태어나더라도, 하루 스물네 시간이라는 시간만큼은 누구에게나 똑같이 주어지지."

데빗은 묵묵히 듣고 있었다.

"반대로 말하면, 시간이라는 것은 태어날 때는 공짜로 받았지만 그다음부터는 아무리 많은 돈을 지불한다 해도 손에 넣을 수 없다는 거지. 그러니까 귀중한 시간을 잘 이용한 사람만이 이 세상에서 성공한 사람이 될 수 있는 거야.

주어진 시간이 똑같다면 어떻게 시간을 버는가가 승부의 관건이 되지. 다른 곳에서 사흘 걸리는 일을 하루 만에 할 수 있는 회사가 있다면, 시간을 번 회사가 승리하지 않겠나. 남들보다 하루라도 빨리 새로운 아이디어에 착수하면, 그만큼 빨리 시장에 대응할 수 있는 가능성이 커지는 거야. 무슨 일이든 스피드가 가장 중요한 거야."

데빗은 화이트보드의 '시간' 이라는 글씨를 바라보면서 곰곰이 생각했다.

(과연 나는 신이 기껏 공평하게 나눠 준 시간을 잘 사용해 왔을까?)

화이트보드에 못박혀 있는 데빗을 향해 제임스가 물었다.

"어때? 자네가 있던 회사에서는 신중에 신중을 거듭한 결과 뭔가 아주 월등하게 해낸 것이 있었나?"

데빗은 뜨끔해서 어떤 것이 있었는지 열심히 떠올리려고 했지만, 그런 경우는 한 번도 없었다. 데빗은 고개를 가로저으면서 중얼거리듯 작은 목소리로 대답했다.

"아뇨."

"그랬을 거야."

제임스는 팔짱을 끼고 말했다.

"나는 '돌다리도 두들겨 보고 건너라' 라는 말을 싫어해. 문제를 검토할 때, '신중에 신중을 거듭해서' 라고 말하는 사람들은 그때만 특별히 신중해진 게 아냐. 만사가 그렇지. 요컨대 다 아는 사실 이외의 의사 결정을 피하고 있을 뿐이지. 새로운 일에 도전했을 때, 만에 하나 실패했을 경우 책임을 회피하려는 거라고. 그런 주제에 프로젝트가 성공하면 자신의 공인 것처럼 말은 잘하지. 이런 사람들은 무슨 일을 시켜도 제대로 못해."

쓴웃음을 지으면서 데빗은 또 몇 명인가의 얼굴을 떠올렸다.

제임스는 이어 검지를 곧게 세우면서 말했다.

"다음은 인간의 정열이야. 사람도 아이디어도 4할 임용의 원칙이 있어. 능력이 4할이라 하더라도 본인의 정열만 높으면 오케이지. 10할의 조건이 채워질 때까지 기다리고 있다 보면 해가 저물 거야. 게다가 아무리 10할의 능력이 있거나 아이디어가 있어도 정작 중요한 정열이 1밖에 없다면, 곱해도 10밖에 안 되지. 아까 그 젊은 사원의 눈을 보았나? 정열 100%야. 그러니까 설령 아이디어가 4라고 해도 정열 10을 곱하면 40이 아닌가. 그 편이 성공할 가능성이 더 커지는 거지."

그렇게 말하더니 제임스는 다시 화이트보드에 썼다.

창조 = 아이디어 × 정열

(정말 옳은 말입니다!)

데빗은 고개를 크게 끄덕였다.

자신이 있던 회사가 일류 대학에서 사람을 모아 우수하다는 말을 들으면서도, 무엇 하나 새로운 것을 낳지 못하는 원인은 바로 이것이라고 데빗은 생각했다. 그리고 자신이 사회인이 된 후 잃은 가장 큰 것은 '정열'이라고 생각했다.

(대체, 언제, 어디에, 나는 이 소중한 것을 두고 온 것일까….)

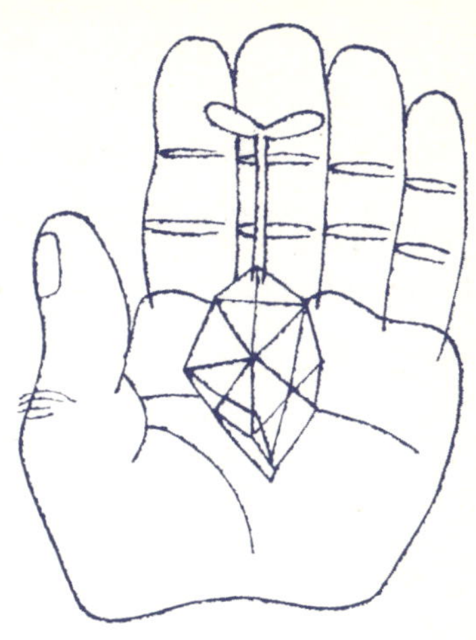

DNA 매니지먼트

단 하루 만에 반 페이지만 남기고 데빗의 수첩은 새까맣게
메워졌다.

지금 데빗의 몸은 며칠이 걸려도 풀지 못했던 퍼즐을 어느
한 계기로 단번에 완성했을 때와 같은 쾌감에 휩싸여 있었다.

데빗은 수첩을 접고, 제임스를 향해 말했다.

"그래도 역시 이 회사는 '관리'가 필요하다고 생각합니다."

제임스는 갑작스런 데빗의 말에 눈을 동그랗게 떴다.

"그러나 제가 당초 생각했던 것과는 달리 관리해야 할 것이 변했습니다. '창조'에 필요한 오늘 들은 이야기, 이것이 언제까지고 계속되도록 하는 것, 즉 우리 회사의 '창조DNA'를 제대로 관리하는 것이야말로 필요한 일이라고 생각합니다. 그리고 저도 그 일익을 담당하고 싶습니다."

제임스는 기쁜 표정을 지으며 새삼 악수를 하자고 손을 내밀었다.

"잘 부탁하네."

데빗은 그 손을 꼭 잡았다. 식당에서 처음 악수를 나눌 때와 달리 데빗의 손에는 희망과 자신이 넘치고 있었다.

"오늘 들은 여러 가지 좋은 말씀들은 밤새도록이라도 정리해서 내일 사장실에 확인하러 가고 싶습니다만, 내일 스케줄은 어떠신지요?"

"이봐, 이봐, 잠깐만. 자네 지금 사장실이라고 했나? 우리

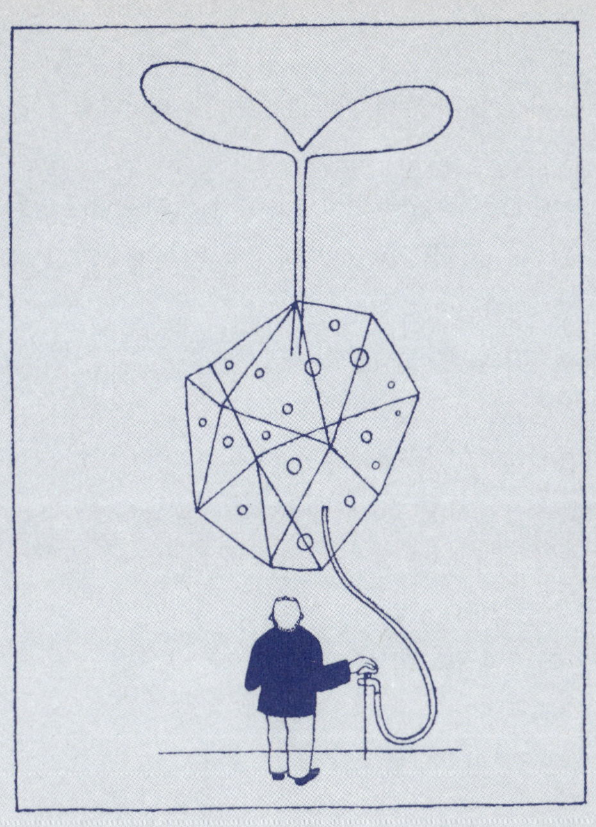

창조 = 아이디어 X 정열

회사에는 사장실이 없는데, 캐서린에게 아무 이야기도 못 들었나?”

“예, 가까이 있던 사원이 가르쳐 준 장소로 가 봤더니 임원실이라고 씌어 있어서, 임원실의 하나를 사장실로 쓰는 모양이라고 생각했습니다.”

“안에 들어가 보았나?”

“예.”

“뭔가 이상하다고 생각하지 않았나?”

“아, 예. 책상이 다섯 개나 있어서 뭘까 하고 생각했습니다만….”

제임스는 큰소리로 웃었다.

데빗은 왜 제임스가 웃는지 알 수 없었다.

“아냐, 미안, 미안.”

제임스는 웃으면서 말했다.

“그런가? 캐서린이 자네에게 말하는 것을 까맣게 잊어버린 것 같군. 실은 아까 말했듯이 우리 회사에는 사장실이 없어. 사장실뿐만 아니라, 전무실도 없고 상무실도 없어. 자네가 본 그 임원실에서 임원들이 모두 일하고 있지."

"그 임원실에서요? 사장님도 거기 계시는 겁니까?"

"그래. 임원마다 방이 있다면, 정보가 차단되어 각자 제멋대로 일을 하기 쉽기 때문이지. 그렇게 되면 회사 경영의 철학과 사상이 모두에게 침투하지 못하게 돼. 그런 회사는 언젠가 망하게 되지. 생각해 보면 이것이 자네가 말하는 DNA 매니지먼트의 하나일지도 몰라."

(졌다! 하나하나를 정말 깊이 생각하는 분이구나. 모든 것이 연결되어 있어. 도저히 이길 수 없겠군.)

데빗은 새삼 제임스에게 존경심을 느꼈다. 그리고 서둘러 수첩의 마지막 반 페이지에 지금 나눈 이야기를 기록했다.

(이래서 신이 메모할 공간을 남겨 두도록 챙겨 준 것인지도 모르겠구나.)

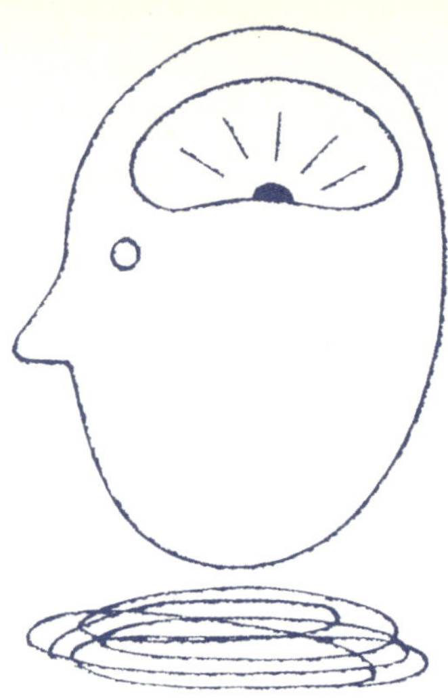

'창조'를 위한 교훈

제임스와 헤어져 데빗이 집으로 돌아온 시간은 밤 12시가 지나서였다. 늦은 시간이었지만 이상하게 머리는 오늘 자신에게 일어난 '샤건'의 흥분으로 완전히 깨어 있었다.

물을 한 잔 마시고, 샤워를 하고, 옷을 갈아입은 후, 책상 앞에 앉아 메모로 가득한 수첩을 꺼내서 몇 번이고 몇 번이고 읽었다.

그리고 팔짱을 끼고 눈을 감은 채 천장 쪽을 바라보며 한동안 생각에 잠겼다.

눈을 뜨자 A4 사이즈의 루즈리프 노트를 한 권 준비해서 〈'창조'를 위한 교훈〉이라고 제목을 붙여 다음과 같이 정리했다

{'창조'를 위한 교훈}

① 실패를 장려하라.

· 경험 없는 일을 해서 잘 못하는 것은 진짜 실패가 아니다.

· 진보를 위해서는 먼저 제 일보를 내딛을 것. '시험해 보라.'

· 실패하면 원인을 찾아서 반드시 반성하라.

· 바른 실패, 바른 반성을 한 사람을 공격해서 짓밟지 마라.

② 상품은 절대로 거짓말을 하지 않는다.

· 상품에는 회사의 사상이 모두 나타난다.

· 소비자의 안목을 무시하지 마라.

· 본질적으로 해결해야 할 것은 어떻게 해서든 본질적으로
해결하라.

③ 사람의 마음을 읽어라.

· 인간을 상대로 장사한다는 사실을 잊지 말라.

· 따라서 사람의 마음을 읽는 것이 창조의 근원임을 명심하라.

· 그러기 위해서는 직접 사람들과 부딪쳐라.

· 그리고 무슨 일이든 상대방의 입장에 서서 생각하라.

④ 진실 앞에서는 공평하면서 평등하라.

· 좋은 아이디어가 상사나 베테랑에게서만 나오는 것은 아니다.

· 고객은 사원의 체면이 아니라, 아이디어에 돈을 지불하는
것이다.

⑤ '시간'을 소중히 하라.

· 시간과 아이디어는 분리할 수 없다. 아무리 뛰어난 아이디
어도 시간이라는 타이밍이 맞지 않으면 없는 것과 같다.

· 어떻게 시간을 벌 것인가, 스피드가 승부다.

⑥ 창조 = 아이디어 × 정열

· 진정한 창조란 아이디어와 정열을 곱해서 생겨난다.

· 따라서 아이디어 4, 정열 10은 10의 아이디어, 1의 정열을
이긴다.

데빗은 자신이 쓴 내용을 물끄러미 바라보다 눈을 감고 생각
에 잠겼다. 다시 눈을 뜬 그는 천천히 펜을 들고, 제목을 〈'창
조'를 위한 일곱 가지의 교훈〉이라고 고쳐 썼다.

그리고 더 크고 굵은 글씨로,

⑦ 뜨겁게 인간을 사랑하라

고 썼다. 글씨를 바라보면서 데빗은 다음과 같이 중얼거렸다.
　(요컨대 제임스는 정말로 인간을 사랑하고 소중히 하는 마음이 인간의 창조력을 부추기고, 그 창조력이 형태가 되어 인간에게 진정한 창조적인 것들을 생겨나게 하는 것이라고 말하고 싶었던 거야.)

그리고

그 후 일 년이 지났다.

데빗은 사원들의 얼굴을 대부분 기억했다. 사원들도 데빗을 부외 사람이라는 눈으로 보는 사람은 하나도 없었다.

실제로 데빗은 이미 '부외 사람' 이 아니었다. 제임스와 식사를 한 그날 밤부터 3개월 이후, 전 회사를 퇴직하고 '정식으로' 제임스의 회사에 들어왔던 것이다.

데빗의 팀에 불과 일주일쯤 전에, 신입사원이 들어왔다. 그는 MBA 과정을 수료한 사람으로 항상 자신에 넘쳐 있었다.

어느 날 회의에서 이 사원이 다른 사원의 실수를 매섭게 추궁했다.

처음부터 지켜보고만 있던 데빗은 그에게 말했다.

"이봐, 이봐. 여기서는 닭 회의는 금지야.

닭 회의가 무슨 뜻이냐고? 그건 말이야….”

'경영철학서'는 직장인들이나 읽는 책인 줄 알았습니다. 그리고 그런 책들은 어려워서 전문 지식이 많은 사람들이나 폼 나게 읽는 책인 줄 알았습니다. 게다가 그런 책은 두꺼워서 다 읽으려면 한세월 보내야 하는 책인 줄 알았습니다. 마지막으로 그런 책은, 직장 생활과 관계 없는 제 평생 읽을 일이 없는 책인 줄만 알았습니다.

그런데 『닭을 죽이지 마라』라는 제목도 특이한 이 한 권의 책은 이런저런 선입견을 모두 없애버렸습니다. 우화 형식의 픽션이라고는 하지만, 명색이 '경영철학서'이니 어려울지도 모른다고, 각오 단단히 하고 읽기 시작했는데 말입니다.

한마디로 쉽고, 재미있고, 짧고, 유익한 책이었습니다.

내용이나 형식면에서 교과서적인 경영철학서의 틀을 탈피한 것도 참신했고요, 제임스 쿠퍼 씨가 데빗에게 들려주는 이야기 한 마디 한 마디는 고농축 비타민제 같아서 읽을수록 머릿속이 맑아지는 증세가 나타나는 것도 신기했답니다.

그리고 아마도 이 책을 다 읽고 나면, 선물하고 싶은 얼굴들이 머릿속에 하나 둘씩 떠오르는 기현상이 나타날 것입니다. 사장님, 부장님, 과장님, 동료 아무개, 후배 모 군, 곧 사회 생활을 시작할 조카…, 집에서 드라마만 눈 빠지게 보고 있을 아내. 아마 저도 한번쯤은 무의식중에 닭이었던 때가 있었을

지도 모르겠습니다. 반성합니다. 귀여운 딸 정하에게도 아이
들 세상의 닭이 되지 않도록 가르쳐야겠습니다.
닭을 죽이지 마세요.

2003년 6월 권남희

지은이 **케빈 왕**(Kevin D. Wang)

왓슨 와이어트 앤 컴퍼니의 컨설턴트이다.
이 회사는 세계 83개국에 지사가 있고, 스태프가 총 6,100명이나 되며 다수의 리딩컴퍼니를 고객으로 삼고 있는 세계 최대의 인재 전략 컨설턴트 회사이다. 본부는 미국 워싱턴 D.C에 있으며, 저자는 현재 도쿄지사에서 근무중이다.

옮긴이 **권남희**

1966년에 태어나 현재 전문번역가로 활동중이다.
번역한 책으로 『빵가게 재습격』, 『무라카미 라디오』, 『고흐가 왜 귀를 잘랐는지 아는가』, 『오디션』, 『러브레터』, 『천국까지 100마일』, 『토토의 새로운 세상』, 『퍼레이드』, 『하얀배』 등 여러 가지가 있다.

 닭을 죽이지 마라

초판 1쇄 인쇄일 ┃ 2003년 6월 19일
개정판 발행일 ┃ 2008년 4월 03일

....

지은이 ┃ 케빈 왕
펴낸이 ┃ 이숙경
편 집 ┃ 최정원

....

펴낸곳	이가서
주소	서울시 마포구 서교동 469-5 정서빌딩 2F
전화 · 팩스	02-336-3502~3 02-336-3009
홈페이지	www.leegaseo.com
등록번호	제10-2539호

....

ISBN 978- 89-5864-257-2 03830

가격은 뒤표지에 있습니다.
저자와 협의하여 인지는 생략합니다.